Jana Frey · Luft zum Frühstück

W0002974

Jana Frey

Luft zum Frühstück

Ein Mädchen hat Magersucht

Für Serafina
Und für meine Freundin Sabine Scharf in Berlin

Diese Geschichte basiert auf wahren Begebenheiten.
Die Namen und Schauplätze sind von der Redaktion geändert.

Zu diesem Buch steht eine Lehrerhandreichung zum kostenlosen
Download bereit unter http://www.loewe-verlag.de/paedagogen

FSC
Mix
Produktgruppe aus vorbildlich
bewirtschafteten Wäldern und
anderen kontrollierten Herkünften

Zert.-Nr. SGS-COC-1940
www.fsc.org
© 1996 Forest Stewardship Council

ISBN 978-3-7855-6762-3
1. Auflage 2009 als Loewe-Taschenbuch
© 2005 Loewe Verlag GmbH, Bindlach
© Umschlagfoto: David Muscroft/AGE fotostock
Umschlaggestaltung: Christine Retz
Printed in Germany (007)

www.loewe-verlag.de

Prolog

Serafina ist einen Meter achtundsechzig groß und dünn, sehr, sehr dünn.

Still und nachdenklich sitzt sie mir gegenüber und malt mit der Spitze ihres rechten Zeigefingers unsichtbare Zickzacklinien auf den Tisch zwischen uns.

„Ich weiß selbst nicht genau, wie es angefangen hat", sagt sie dann plötzlich, schaut mich kurz an und schweigt wieder.

Aber eine Stunde später, am Ende unseres allerersten Gesprächs, weiß ich trotzdem ein paar Dinge aus Serafinas Leben:

Da gibt es Fritz und Moses.

Da ist eine Kuh in Tivoli, die sie mal geküsst und dabei geweint hat.

Da ist eine Oma, die sie nicht mag.

Und eine Oma, die sehr krank ist und von Kuchen spricht.

Außerdem liebt sie das Buch „Schlafes Bruder".

Und ist Halbitalienerin.

Und hat schreckliche Angst vor dem Dicksein.

1

Komisch, man kann eine Familiengeschichte lang und kurz erzählen.

Kurz erzählt klingt meine Geschichte so:

Vor siebzehn Jahren lernte meine Mutter, die den Sommer in Rom verbrachte, meinen Vater kennen. Meine Mutter war Studentin und mein Vater Steinmetzlehrling. Sie war Deutsche und er war Italiener. Nach dem Sommer war meine Mutter schwanger und wieder in Deutschland.

Ein halbes Jahr später kam mein Vater auch nach Deutschland. Dann wurde ich geboren und zwei Jahre später meine Schwester Maria.

Lang erzählt klingt meine Geschichte ganz anders.

Meine Mutter ist ein Sprachenwunder. Als sie vierzehn war, fuhr sie für ein paar Wochen nach London zu einer Gastfamilie und lernte Englisch. In der elften Klasse verbrachte sie das zweite Schulhalbjahr in Lyon und lernte Französisch. Und nach dem Abitur, als sie Studentin war, flog sie nach Rom und lernte Italienisch. Und mitten in Rom, mitten im schlimmsten Getümmel an der Piazza Navona, bei den drei berühmten Brunnen, sah sie einen sehr großen, sehr dünnen, sehr jungen Mann, der seinen Kopf gegen einen Laternenpfahl gelehnt hatte und weinte. Er sah so verzweifelt aus, dass meine Mutter neben ihm stehen blieb und vorsichtig die Hand auf seine Schulter legte.

„Kann ich helfen?", fragte sie. Zuerst auf Deutsch und dann auf Italienisch.

Der Mann hob den Kopf und schaute meine Mutter nachdenklich an. Eine ganze Weile schwieg er, aber dann sagte er plötzlich etwas.

„Es ist, weil Maria tot ist", sagte er auf Italienisch und wischte sich über die verweinten Augen. Es dauerte bis zum Abend, bis meine Mutter wusste, dass Maria die kleine Schwester des weinenden Italieners war, der Giorgio hieß. Sie war erst sechzehn Jahre alt und schwer herzkrank gewesen.

Meine Mutter fuhr mit dem weinenden Giorgio ans Meer und saß mit ihm am Strand und sang ihm *Freude, schöner Götterfunken* und *Die Ballade von den Seeräubern* und eine Menge anderer Lieder vor und hielt seine Hand und begleitete ihn am Abend nach Hause in sein kleines Dorf außerhalb von Rom. Die ganze Familie war da und alle weinten und meine Mutter saß bei ihnen und fühlte sich verloren und aufgehoben zugleich. In Deutschland, in ihrer eigenen Familie, gab es nie Tränen und Gefühle und man saß nicht stundenlang zusammen, einfach nur, um sich nahe zu sein. Und am Ende des Sommers, lange nach Marias Beerdigung, war meine Mutter schwanger.

„Bleib hier bei mir", sagte mein Vater und streichelte mit den Fingerspitzen den Bauch meiner Mutter, in dem seit ein paar Wochen – noch unsichtbar – *ich* lag.

„Mein Studium", sagte meine Mutter. „Ich muss nochmal nach Hause ..."

„Dann komme ich nach", versprach mein Vater. „Sobald ich meine Abschlussprüfung hinter mir habe."

Meine Mutter nickte, aber sie war sich nicht sicher, ob er es ernst meinte. Stumm schaute sie ihn an.

Aber er kam. Ein paar Wochen vor meiner Geburt stand er plötzlich vor der Tür. Mit einem Koffer in der Hand und einem Rucksack auf dem Rücken.

„Du bist wirklich da!", sagte meine Mutter und legte ihre Arme um meinen Vater. Sie erreichten sich kaum noch, denn zwischen ihnen war ich. Und jetzt war ich nicht mehr zu übersehen. Meine Mutter hatte, mit mir im Bauch, über zwanzig Kilo zugenommen.

„Ich habe es doch versprochen", sagte mein Vater und lächelte.

Damals waren sie beide zwanzig. An einem sonnigen Tag, ein paar Wochen später, kam ich.

Und zwei Jahre später wurde meine Schwester Maria geboren. Sie bekam den Namen der kleinen Schwester meines Vaters, weil sie ihr ähnlich sah, von Anfang an.

Sie war winzig und zart und dunkelhaarig und hatte schwarze Augen, bei denen man Pupille und Iris nicht auseinanderhalten konnte.

Maria eben.

Ich war ein kugelrundes, rotblondes, blauäugiges Baby gewesen und sah meiner Mutter und meiner deutschen Oma ähnlich.

Trotzdem heiße ich Serafina Antonia, wie die Mutter meines Vaters. Es ist in Italien so Brauch, das erste Kind nach den Eltern des Vaters zu benennen.

Heute ist meine Mutter Lehrerin an einer Berufsschule, und mein Vater ist Steinmetz und hat eine eigene kleine Firma. Sie leben zusammen und doch nicht richtig zusammen.

Eine Weile, als Maria und ich noch klein waren, haben wir alle in Italien bei unserer *Nonna* gewohnt. Damals, als unser *Nonno*, unser italienischer Großvater, gestorben war. Es war die schönste Zeit meines Lebens. Wir wohnten in einem sehr kleinen grauen Schiefersteinhaus und alle im Dorf hatten uns gern und wir spielten den ganzen Tag draußen mit den anderen Kindern. Meine Nonna hatte eine eigene Kuh, hinten im Garten in einem kleinen Stall. Die Kuh hieß Angeletta und ich liebte sie vom ersten Tag an. Ich war dabei, als sie ihr erstes Kälbchen bekam und Angst hatte und verwirrt war und vor Schmerzen zitterte. Zusammen mit Nonna blieb ich die ganze Nacht bei ihr im Stall und streichelte sie, um sie zu trösten, und rieb vor-

sichtig ihr verschwitztes Fell mit Heu ab, wie meine Großmutter es mir gezeigt hatte.

Am Morgen war das Kälbchen da und meine Nonna
nannte es *Fina*, nach *Serafina*, wie sie als Kind gerufen worden war und wie sie mich rief.

„Du wirst mir fehlen, wenn du erst wieder in Deutschland bist, mein blonder Engel", sagte sie und drückte mich
an sich. Ich erinnere mich noch genau an ihren Geruch. Sie
roch nach Lavendel und Kernseife und ein bisschen nach
Zigarre. Denn ab und zu rauchte meine riesige Nonna, die
die größte Frau im ganzen Dorf war, eine von Nonnos
zurückgelassenen Zigarren.

„Ich gehe nicht nach Deutschland", antwortete ich verwundert auf Italienisch.

Aber ich tat es doch, denn kurz nach meinem zehnten
Geburtstag zogen wir erneut um. Meine andere Großmutter, an die ich mich kaum erinnern konnte, war krank geworden und wollte uns in ihrer Nähe haben.

„Nein, nein, nein", weinte ich verzweifelt und verkroch
mich bei Angeletta im Stall.

Aber es nützte nichts. Ein paar Wochen später küsste ich
Angeletta zum Abschied und weinte dabei. Und dann
küsste ich meine Nonna und weinte noch mehr.

Und dann fuhren wir davon. Weg aus unserem winzigen
Dorf, in dem mich alle kannten und mochten und wo es
mitten im Ortskern eine kleine Allee aus Zitronenbäumen
und am Dorfrand einen kleinen, verwunschenen Pinienwald gab und wo ich glücklich war.

Deutschland war ganz anders als Italien. Wir wohnten jetzt
in der Stadt und wir sollten Deutsch sprechen und unser
Vater baute sich eine eigene Firma auf und hatte nur wenig
Zeit für uns.

Es gab keine Zitronenbäume, keinen Pinienwald, kein Meer, keinen salzigen Wind, keine Palmen, keine Kühe im Garten.

„Warum sprechen sie so schlecht Deutsch?", fragte meine deutsche Großmutter und schaute meine Schwester und mich mit ihren hellblauen Augen missbilligend an. Es waren ähnliche Augen wie meine eigenen. Es waren auch die Augen meiner Mutter. Frühlingshimmelblaue Augen mit kleinen grauen Sprenkeln darin.

„Sie werden es wieder lernen", sagte meine Mutter, die unser Dorf ebenfalls vermisste.

„Eines Tages gehen wir wieder zurück", versprach sie uns. Aber sie hielt ihr Versprechen nicht. Obwohl meine deutsche Oma bald wieder völlig gesund war.

„Ich finde es schön hier", sagte Maria auf Italienisch.

„Ich nicht", sagte ich, ebenfalls auf Italienisch.

Wir wohnten in einer ganz neuen Wohnsiedlung und es gab auch hier viele Kinder. Aber sie spielten selten draußen auf der Straße. Sie trafen sich in den Wohnungen. Ich fühlte mich alleingelassen und unbedeutend und übersehen.

Ich vermisste meine große, laute Nonna und den sandigen, verwunschenen Pinienwald und Angeletta in ihrem dämmrigen Stall.

Dann fing die Schule an und ich fand das Leben schwer wie einen Stein.

Zu Hause sprachen wir jetzt alle deutsch, auch mein Vater lernte es, und ich fand es merkwürdig und traurig, seine Stimme deutsch sprechen zu hören. Nur einmal in der Woche sprach ich noch italienisch. Immer samstagabends, wenn unsere Nonna anrief, für ein paar Minuten.

„Nonna, hier ist es nicht schön", flüsterte ich auf Italienisch.

„Nonna, wie geht es Angeletta?"

„Nonna, in der Schule sitze ich alleine an einem Tisch."

Die Wochen und Monate vergingen.

Manchmal schlich ich mich zu der kleinen, schäbigen Pizzeria, ganz am anderen Ende unseres Viertels, und setzte mich dort auf eine kleine Mauer im Hof. Still und stumm saß ich da und wartete darauf, dass die alte Signora Bellini, deren Sohn die Pizzeria gehörte, über die Hintertreppe geschlurft kam, um auf Italienisch nach ihrer Katze zu rufen. Traurig lauschte ich den vertrauten Worten und fühlte mich einsam und alleine.

Dann vergaß ich die ersten italienischen Worte. Es passierte an einem Samstag am Telefon.

„Nonna, Papa sagt, ich darf ..."

Verwirrt hielt ich inne. Ich durfte *reiten* gehen. Das hatte ich sagen wollen. Aber ich wusste das italienische Wort für reiten nicht mehr.

„Was wolltest du sagen, mein Engel?", fragte Nonna aus weiter Ferne, in der Leitung rauschte es laut.

„Nichts", murmelte ich und schwieg.

Am darauf folgenden Samstagabend blieb ich draußen, bis ich mir sicher war, dass das Telefongespräch aus Italien vorüber war.

Ich war so traurig wie noch nie in meinem Leben.

Unser Lehrer in Italien war streng und alt und auf seine Weise Furcht einflößend gewesen. Wenn man ihm nicht gehorchte, klopfte er einem hart mit den Knöcheln seiner Finger auf den Kopf. Wenn er den Klassenraum betrat, mussten wir alle aufstehen und ihn einstimmig begrüßen. Und wer im Unterricht frech war, stand für den Rest der Stunde in der Ecke.

Aber trotzdem hatte ich hier in Deutschland mehr Angst

vor der Schule. Immerzu war es laut und alle machten, was sie wollten. Meine neue Klassenlehrerin schimpfte viel häufiger als mein Lehrer in Italien, aber trotzdem waren die Schüler frech zu ihr.

Und ich saß immer noch alleine. Wir waren eine ungerade Anzahl von Schülern und ich war eben als Letzte dazugekommen.

„Ich habe schon drei Freundinnen in meiner Klasse", sagte Maria auf Deutsch und schaute mich aus ihren schwarzen Augen zufrieden an.

„Vermisst du Nonna nicht?", fragte ich leise auf Italienisch.

„Nein", sagte Maria.

„Und das Dorf? Und das Meer? Und die anderen Kinder? Pedro, Paula und Giovanna? – Vermisst du gar nichts?"

Maria schüttelte den Kopf und ging davon. Ich blickte ihr verwirrt hinterher. Dabei sah sie so italienisch aus. Immer wenn ich sie ansah, musste ich an die Kinder aus unserem Dorf denken. Ich dagegen war so hell und blass wie meine kleine, dicke, deutsche Großmutter.

Der darauf folgende Sommer sollte alles verändern.

„Nächste Woche fahren wir nach Italien", sagte mein Vater und man sah ihm an, wie er sich freute.

Es würde nur zu Besuch sein, das wusste ich. Trotzdem war ich ebenfalls froh. Ich würde endlich alles und alle wiedersehen.

„Bis bald, Oma", sagte ich zu meiner deutschen Großmutter bei unserem letzten Besuch vor der Abreise. Ich fühlte mich zittrig und fast krank vor Aufregung und Sehnsucht.

Aber dann passierte es. Am Abend vor unserer Abreise klingelte das Telefon.

„Giorgio Giordano ...?", rief mein Vater in den Hörer hinein. Dann war er lange still, eigenartig still. So still, dass ich aus meinem Zimmer in die Diele schlich. Ich hatte plötzlich Angst, obwohl ich nicht wusste, wovor. Die Angst war einfach da. Sie machte, dass mir ganz kalt wurde. Vielleicht war es eine Vorahnung. Irgendwo tief in mir drin.

„Madonna! Madonna mia ...", flüsterte mein Vater in diesem Moment und setzte sich mit dem Telefon am Ohr auf den Boden. „Wann ist es passiert? Wie geht es ihr jetzt? Ist sie bei Bewusstsein? Wird sie es ... schaffen?"

Meiner Nonna war etwas zugestoßen!

„Papa ...?", flüsterte ich erschrocken.

Da legte mein Vater den Telefonhörer auf. Tränen liefen über sein Gesicht. „Sie ist krank! Sie hatte einen Schlaganfall. Man hat sie ins Krankenhaus gebracht mit einem Rettungswagen! Es geht ihr sehr, sehr schlecht ..."

Noch in derselben Nacht fuhren wir los.

„Lass sie nicht sterben, lieber Gott", flüsterte ich stundenlang tonlos in mich hinein.

Und der liebe Gott erhörte mich. Er ließ meine große, stolze, schwarzhaarige Nonna am Leben. Aber sie wurde nie mehr so, wie sie mal gewesen war. Tagelang schlief sie in ihrem weißen Krankenhausbett. Sie schien einfach nicht mehr aufwachen zu können. Angeletta zog in einen fremden Stall um, auf einen kleinen Hof am anderen Ende des Dorfes. Meine Nonna würde sie, selbst wenn sie wieder aufwachen würde, nie mehr versorgen können, da waren sich alle sicher.

Ich saß neben ihrem Krankenhausbett und schaute sie so verzweifelt und unverwandt an, bis mir die Augen brannten.

Ich beschwor immer neue Erinnerungen herauf: Meine Nonna, wie sie Nudelteig knetete. Und wie sie schallend lachte und triumphierend den Kopf zurückwarf, wenn sie beim Pokern gewann. Und wie sie in dicken Zigarrenqualm eingehüllt kerzengerade im alten Ohrensessel meines toten Nonnos saß und konzentriert Mozarts Oper *Don Giovanni* hörte, die ihre Lieblingsoper war. Und wie sie sonntags mit mir und Maria auf den Friedhof ging, um Blumen für alle verstorbenen Familienangehörigen auf den Gräbern zu verteilen, und dabei laut schluchzte und sich alle paar Schritte dröhnend die Nase putzte.

Und dann wachte sie eines Tages auf. Dünn und faltig und blass lag sie da und schaute uns lange stumm an. Durch das Krankenhausfenster schien strahlende Sommersonne und vermischte sich mit dem kalten Weiß des Krankenhauszimmers zu einem eigenartigen vergnügt-traurigen Lichtwirrwarr.

„Nonna", flüsterte ich erleichtert und streichelte vorsichtig ihre Hand. Der Geruch von Lavendel, Kernseife und Zigarrenrauch war verschwunden. Hier roch alles nach Krankheit.

„Jajaja", sagte Nonna schließlich sehr leise und seufzte tief.

„Mama!", rief mein Vater erleichtert und sprang auf. „Du bist wieder wach! Du kannst sprechen! Alles wird gut!"

Aber es wurde nicht gut.

Meine kranke, italienische Großmutter seufzte noch ein zweites Mal tief, und dann sagte sie würdevoll: „Ich habe Glück gehabt, großes Glück. Der Kuchen hätte auch verbrennen können ..."

Alle waren still und erschrocken. Und ich glaube, am erschrockensten war meine Nonna selbst. Jedenfalls sahen ihre Augen sehr erschrocken aus. So, als wisse sie gut, dass sie Unsinn redete, aber sie konnte es nicht ändern. Und sie konnte auch nichts aufschreiben, weil sie das Schreiben ebenfalls verlernt hatte. Ihre Hände hatten keine Kraft mehr, einen Stift zu halten und zu benutzen.

Die Sonnenstrahlen im Zimmer kamen mir plötzlich wie böse Verräter vor.

Ich schaute meine Nonna verzweifelt an, tagelang, bei jedem Besuch im Krankenhaus. Und sie schaute traurig zurück. Zu Beginn versuchte sie es immer wieder. Sie drückte leicht meine Hand und öffnete entschlossen den Mund, um etwas zu sagen. Ihr Blick war klar und klug wie immer, aber trotzdem funktionierte ihr Kopf nicht mehr.

„... der Kuchen hätte mir verbrennen können", sagte sie tagelang.

„Wenn Krieg ist, gibt es keinen Kuchen, weil dann die Zutaten fehlen", sagte sie dann ein paarmal, während mein Vater neben ihr auf dem Besucherstuhl saß und sein Gesicht in den Händen vergraben hatte.

Irgendwann hörte sie ganz auf zu sprechen. „Fina, der Kuchen ...!", war das Letzte, was sie zu mir sagte. Blass und sehr, sehr dünn lag sie da und ich erkannte sie kaum noch wieder.

Dann wurde ihr Haus verpachtet und meine italienische Oma kam in ein Pflegeheim in Rom, weil wir es uns nicht leisten konnten, sie mit nach Deutschland zu nehmen. Unsere Wohnung war zu klein und meine Mutter musste arbeiten und hatte keine Zeit, sie zu pflegen. Und die deutsche Krankenkasse spielte auch nicht mit.

Die Tanten meines Vaters würden in Zukunft nach meiner Nonna sehen und mein Vater würde ebenfalls ab und zu nach Rom kommen, um für kurze Zeit bei ihr zu sein.

Und wieder nahm ich Abschied von Italien.

Diesmal endgültig.

Und ein letztes Mal küsste ich meine Nonna. Und am anderen Ende unseres kleinen Dorfes – mein Vater war deshalb extra noch einmal quer durch den Ort gefahren – Nonnas Kuh in ihrem neuen Stall.

Die ganze Rückfahrt über sprach ich kein Wort.

2

Als ich in die sechste Klasse ging, kam Moses. Er war der Erste, der nach mir kam, und darum setzte er sich neben mich. „Hallo, ich heiße Moses Evangelista", sagte er und schaute mich mit zusammengekniffenen Augen prüfend an. Er war dicklich, trug eine Brille, hatte Sommersprossen im ganzen Gesicht und strubbelige, dunkle Haare.

Moses redete viel. In der Pause lief er neben mir her und unterhielt sich mit mir. Vielmehr redete er ununterbrochen auf mich ein und erwartete, dass ich ihm zuhörte. Nach der ersten Woche wusste ich eine Menge von ihm.

Sein Großvater war Spanier, daher hatte er seinen merkwürdigen Namen. Aber er war bisher noch nie in Spanien gewesen. Er sammelte Kakteen und besaß über hundert Stück. Gerade war er dabei, einen Mammutbaum und einen Bananenbaum zu ziehen. Er hatte zu Hause einen alten, grauhaarigen Pudel, den ihm seine Uroma vererbt hatte und der ein bisschen bissig war, wenn er einen schlechten Tag hatte. Außerdem hatte Moses getrennt lebende Eltern. Seine Mutter war Rechtsanwältin und fast nie zu Hause. Sein Vater schrieb Gedichte über die Liebe, die keiner kaufte, und hatte immerzu andere Freundinnen und lebte in einer schäbigen, kleinen Wohnung am Stadtrand, in der – wenn man Moses glaubte – das totale Chaos herrschte und überall volle Aschenbecher und leere Weinflaschen herumstanden.

„Du bist ja ziemlich schweigsam", sagte Moses am Freitagmittag, als wir nebeneinander zum Bus gingen.

„Bist du Italienerin, Signora Serafina Giordano?", bohrte Moses weiter und schaute mich aus allernächster Nähe an. Seine Brillengläser glitzerten im Sonnenschein.

Ich nickte.

„Das sieht man dir allerdings gar nicht an", stellte Moses kopfschüttelnd fest und schaute mich weiter an.

Und dann wurden wir Freunde. Nach und nach erzählte ich Moses alles über meine Nonna und meine Liebe zu Italien und unserem Dorf und zu Angeletta. Ich erzählte auch, dass meine italienische Oma früher immer kubanische Zigarren geraucht hatte und jetzt krank im Kopf war und nur noch über Kuchen sprechen konnte. Aber meistens schaffte sie nicht mal das. An diesem Tag, in Moses' Zimmer, mit Bruno, seinem halb bissigen Pudel auf den Knien, fing ich an zu weinen über das alles. Ich weinte und weinte und weinte und Moses saß still und stumm und geduldig neben mir und wartete ab, bis ich mit Weinen fertig war.

In der siebten Klasse fingen Moses und ich an, zusammen Saxofon zu spielen, und alles war gut.

Moses war wie ich: Ein bisschen ausländisches Blut, das man aber nicht sah, steckte in ihm und er war gerne draußen und wir gingen zusammen mit Bruno in den Wald oder wir lagen zusammen in dem Sonnenblumenfeld in der Nähe und wir lasen zusammen sämtliche Karl-May-Bücher, die wir auftreiben konnten.

Sein Mammutbaum wuchs wie verrückt und eines Tages schenkte er ihn mir. Der Bananenbaum hatte den letzten Winter nicht überstanden, aber Moses war schon dabei, einen Nachfolger zu ziehen.

„Danke", sagte ich erfreut und stellte den kleinen, zarten Mammutbaum auf mein Fensterbrett.

„Und wenn er so groß ist ...", erklärte Moses und tippte ein gutes Stück über dem Baum gegen die Fensterscheibe, „... dann fahren wir zusammen nach Italien und besuchen deine Nonna und dein Dorf und Angeletta, die Kuh."

Wir lächelten uns zu.

Moses war in fast allen Fächern in der Schule schlecht und ich fürchtete mich davor, dass er sitzen bleiben und ich ihn so verlieren würde. Nur in Kunst und Musik war Moses gut.

„Du musst mehr lernen", sagte ich. „Mathe und Physik und Bio, überall stehst du zwischen vier und fünf."

Seine eilige Mutter besorgte für Moses einen Nachhilfelehrer, aber Moses gab sich trotzdem keine Mühe. Eines Tages, als ich bei ihm war, hatte ich eine Idee. Ich schrieb ihm aus meinen Heften alle wichtigen Regeln und Formeln auf weiße Blätter und klebte sie überall an die Wände. In seinem Zimmer, im Flur, im Wohnzimmer, sogar im Badezimmer an den Spiegel.

„So wird es funktionieren", sagte ich.

Moses verzog sein rundes, sommersprossiges Gesicht.

„Egal, was du in Zukunft machst, du lernst immer etwas dabei", erklärte ich zufrieden. „Beim Kakteengießen und Bananenbaum-Umtopfen Geometrie, beim Frühstück in der Küche Algebra, beim Mittagessen im Esszimmer Vererbungslehre und im Bad beim Zähneputzen physikalische Gesetze."

„Kotz ...", murmelte mein bester Freund wenig dankbar.

Wir setzten uns gemütlich in die Küche, futterten jeder eine Portion Cornflakes und lasen mathematische Formeln dabei und ich dachte, dass es so funktionieren würde.

Aber das tat es nicht und darum blieb Moses im Sommer sitzen.

„Mist", sagte ich traurig.

„Egal, wir bleiben trotzdem beste Freunde", antwortete Moses und schenkte mir eine winzige Paradiesvogelblume, die er mühsam aus einem flauschigen orangefarbenen Samenkern gezogen hatte.

„Ungefähr an deinem achtzehnten Geburtstag blüht sie, wenn alles gut geht, zum ersten Mal", erklärte er grinsend und stellte die kleine Blume behutsam neben den Mammutbaum, der in der letzten Zeit langsamer wuchs. Er kam noch lange nicht an unsere „Dann-fahren-wir-nach-Italien-Marke" heran.

„Und wenn sie blüht, küssen wir uns", schlug Moses vor und schaute mich halb an und halb nicht an.

Dazu sagte ich nichts. Ich hatte schon seit einer Weile den Verdacht, dass Moses ein bisschen in mich verliebt war, irgendwie. Aber er war nicht unbedingt der, den ich mal küssen wollte. Er war einfach nur Moses, mein bester Freund.

Mein bester Freund mit dem runden, sommersprossigen Gesicht und den immerzu zerzausten, widerspenstigen Haaren.

Mit Moses konnte man merkwürdige Urwaldpflanzen ziehen und im Wald herumlaufen und stundenlang zwischen Sonnenblumen liegen und alte Beatles-Songs nachsingen.

Aber ihn zu küssen konnte ich mir nicht vorstellen.

Tagsüber war ich ganz normal. Ich spielte Saxofon mit Moses oder ging mit ihm ins Kino oder in die Stadt oder in den Wald. Manchmal schauten wir auch nur stundenlang zusammen Videos und sprachen die Dialoge in den Winnetoufilmen mit und weinten zusammen, wenn Winnetou starb. Aber nachts war ich eine andere Serafina Giordano, eine ganz besondere Serafina Giordano.

Dann war ich schön und beliebt und andere Jungen als Moses mochten mich.

Es war ein heißer Sommer, ich wurde vierzehn und es regnete wochenlang kein einziges Mal. Es war, als würde die heiße Sommerluft komplett stillstehen.

Mein Vater fuhr alleine für ein paar Tage nach Italien, um im Pflegeheim nach dem Rechten zu sehen, und meine

Mutter, meine Schwester und ich fuhren mit unserer deutschen Oma nach Südfrankreich, wo meine deutsche Oma ein kleines Haus am Meer hatte. „Ich will lieber mit Papa nach Italien", hatte ich vorher gesagt. Aber irgendwie ergab es sich nicht.

Meine Eltern hatten viel Streit in der letzten Zeit.

Einmal, bei einem Streit in der Küche, warf meine Mutter mit einem Töpfchen Basilikum nach meinem Vater, und er fegte als Antwort ihren Terminkalender von der Anrichte. Ich war gerade von der Schule nach Hause gekommen und stand im Flur. Ich hatte keine Ahnung, worüber sie stritten, und ging leise in mein Zimmer.

Ob das eben so war im Leben, dass man irgendwann aufhörte, sich zu lieben? Oder liebte man sich noch, auch wenn man sich anschrie und Basilikum nach dem anderen warf?

Ein paar Tage vor unserer Abreise zog in der Wohnung über uns eine neue Familie ein.

„Ich heiße Ernestine", sagte das Mädchen, das ich eines Morgens im Treppenhaus traf. Es war der zweite Ferientag, und Moses war bereits fortgefahren – nach Irland mit seinem Vater.

„Ich bin Serafina", sagte ich und schaute Ernestine neugierig an.

Sie war etwas größer als ich und sie hatte glatte braune Haare, die sich unten an den Spitzen ringelten. Sie war auch dünner als ich und hatte einen kleinen, spitzen Busen und ein schönes, schmales Gesicht. Sie trug ein kurzes hellblaues Top, das den unteren Teil ihres dünnen Bauches frei ließ.

Sie sah wirklich schön aus. Schön und so, wie ich gerne ausgesehen hätte. So, wie ich nachts in meinen Träumen aussah.

„Wir sind gerade erst eingezogen und in meinem Zimmer

stehen ungefähr tausend Umzugskisten herum ...", sagte Ernestine und lächelte mir zu. „Wohnst du auch hier?"

Ich nickte.

„Prima", sagte Ernestine.

„Allerdings fahren wir in drei Tagen in die Ferien", fiel mir in diesem Moment ein.

„Schade", sagte Ernestine. „Wie alt bist du?"

„Vierzehn", sagte ich.

„Ich auch", sagte Ernestine.

Und dann verabredeten wir, dass Ernestine meinen Mammutbaum und meine Paradiesvogelblume für mich gießen würde, solange ich verreist war.

Mit Herzklopfen schaute ich ihr hinterher, als sie die Treppe hinuntersprang. Vielleicht würde sie meine erste Freundin in Deutschland sein.

Das war ein schöner Gedanke.

Drei heiße Wochen verbrachten wir in Südfrankreich. Mein Vater kam uns nicht hinterhergereist. Er blieb in Italien und besuchte gleich noch ein paar alte Freunde. Meine Mutter und meine deutsche Oma saßen zusammen auf der kleinen Terrasse unseres Ferienhauses, tranken Rotwein und aßen Bruschetta und Oliven und schienen ihn nicht weiter zu vermissen.

Maria hatte am Strand drei Mädchen kennengelernt und verbrachte ihre ganze Zeit mit ihnen.

„Was ist mit dir, Fina?", fragte meine Oma ein paarmal. „Warum rührst du dich kaum vom Fleck? Geh doch mal mit Maria und den Mädchen an den Strand hinunter. Sie scheinen sehr nett zu sein."

Ich schüttelte den Kopf und blieb, wo ich war. Die Hitze machte mich fast verrückt. Und mir fehlte Moses. Und mein Vater. Außerdem hatte ich einen schlimmen Sonnenbrand,

22

obwohl ich mich immerzu eincremte. Es lag an meiner Haut. Widerwillig schaute ich auf meine hellen Arme und Beine. Wie eine runde rosa Garnele sah ich aus. Ekelhaft.

Warum war Maria so schön dünn? Warum sah ausgerechnet ich unserer Mutter ähnlich? Meine Mutter war kräftig und rotblond und hatte helle, sommersprossige Haut. Dafür war sie lustig und vergnügt und nahm das Leben leicht. Mein Vater war dünn und hatte dunkle Augen und dunkle Haare. Aber er nahm das Leben immer ziemlich schwer und machte sich oft Sorgen und sah überall Probleme.

Warum hatten sich alle diese Vor- und Nachteile bei Maria und mir so ungerecht verteilt? Warum war Maria dünn und hübsch und lustig und vergnügt? Und warum war ich dick und blass und fand das Leben kompliziert und schwer?

Niedergeschlagen aß ich meine angebrochene Tüte mit Erdnüssen zu Ende.

„Nun stopf doch nicht dauernd dieses ungesunde Zeug in dich rein", sagte meine Oma kopfschüttelnd.

Ich spürte, wie ich Kopfschmerzen bekam, ging ins Haus und stellte den kleinen Fernseher an. Gereizt schaltete ich mich durch alle Programme und fand nichts, was mich wirklich interessierte. Trotzdem blieb ich, wo ich war, und schaute gedankenlos auf den flimmernden Bildschirm. Von draußen hörte ich den Wind und viele, ferne Stimmen und das Rascheln der Palme, die direkt neben unserer Terrasse wuchs.

Ich schwitzte immer noch. Hier drin stand die heiße Luft vollkommen still. Mein T-Shirt klebte mir am Körper. Ärgerlich zog ich es über den Kopf. Draußen zeigte ich mich in diesem Sommer nicht im Bikini.

In der Serie, die ich gerade schaute, war ebenfalls Sommer. Drei hübsche Mädchen saßen am Strand und beobachteten kichernd drei Jungen, die sich im Wasser mit ihren Surfbrettern abmühten. Eines der Mädchen sah Maria ein bisschen ähnlich – und das zweite erinnerte mich an Ernestine, meine neue Nachbarin. Das dritte sah aus wie eine Mischung aus den ersten beiden.

Warum sah ich nicht so aus? Für einen Moment musste ich an früher denken, als ich in Italien gewohnt hatte. In unserem Wohnzimmer zu Hause hing ein Bild aus dieser Zeit an der Wand. Damals war ich noch hübsch gewesen. Damals hatte es die italienische Sonne im Laufe der Zeit geschafft, meine helle Haut zu bräunen, und damals war ich fast so dünn wie Maria gewesen.

Und hatte nicht Signore Vittorio, der Bürgermeister unseres Dorfes, immer lauter nette Dinge über mich gesagt, wenn ich ihm begegnet war? Er hatte meine helle Haut und meine blonden Haare schön gefunden, schön und besonders. Und er hatte mich *la bambola d'oro*, „goldenes Püppchen", genannt.

Aber das war alles lange her.

Warum war ich so dick geworden seitdem?

Ich wog fast fünfundsechzig Kilo.

Maria wog vierzig.

Fünfundzwanzig Kilo Unterschied lagen zwischen uns! Dabei waren wir gerade einmal knapp zwei Jahre auseinander.

Ärgerlich schaltete ich den Fernseher um. In einem französischen Sender stand eine sehr dicke, sehr bleiche, hässliche Frau auf einer Waage und hatte sich zusätzlich ein Maßband um die Taille gelegt. Sie machte ein unglückliches Gesicht. Kein Wunder, sie sah scheußlich und abstoßend aus. So viel Fett hing an ihr herum, in dicken, weichen, hässlichen Wülsten um ihren ganzen Körper. Wie gebannt starrte ich die Frau an. Das wurde aus einem, wenn man dick war! Die Frau klagte auf Französisch, wovon ich kein Wort verstand. Und jetzt erklärte ihr anscheinend eine hübsche, dünne Frau, wie man es anhand eines merkwürdigen rosa Saftes, den sie immerzu in die Kamera hielt, schaffte, schlank und schön zu werden.

Eine Werbesendung, so ein blöder Blödsinn.

Ich schaltete erneut um und war froh, die dicke, hässliche Französin nicht länger ansehen zu müssen.

Da – Robbie Williams, mein Lieblingssänger, auf einem französischen Musikkanal. Wie wunderschön er war. Und was für einen Körper er hatte. Ich öffnete eine Chipstüte, die ich eigentlich für morgen hatte aufheben wollen, und aß sie leer, während ich Robbie Williams anschaute. Dann sang er mein Lieblingslied *Feel* und plötzlich zog er ein Mädchen aus dem Publikum zu sich auf die Bühne und küsste es. Sie hatte lange, dunkle Haare und eine schmale Taille und sah ebenfalls schön aus. Sie passte gut zu ihm. Ihr schlanker Körper lehnte sich an seinen schlanken Körper.

Ein Mädchen wie mich hätte er nie auf die Bühne geholt, da war ich mir ganz sicher.

Schnell schaltete ich ein Programm weiter.

Prüfend legte ich eine Hand auf meinen nackten, verschwitzten Schwabbelbauch. Wie weich und kugelig er war. Wie ein behäbiger Hügel lag er zwischen meinen Hüften, die ebenfalls irgendwo unter einer Fettschicht verschwunden waren. Ärgerlich knüllte ich die leere Chipstüte zusammen und warf sie in die Zimmerecke. Dann suchte ich wieder nach dem Sender mit den drei hübschen Mädchen.

Irgendwann, in einer Werbepause, schlich ich mich dann in das winzige Ferienhausbadezimmer und betrachtete mich dort prüfend vor dem Spiegel, der innen an der Tür befestigt war. Er war an zwei Stellen gesprungen, aber ich sah mich trotzdem gut, viel zu gut.

Ich hatte meinen türkisfarbenen Bikini vom Vorjahr an.
Da hatte er mir noch gepasst. Jetzt schnitten die Bändchen
der Hose tief in meine Haut am Po ein. Warum war ich so
dick geworden in der letzten Zeit?

Auch mein Busen war gewachsen. Und mein Bauch sah
nicht schön aus. Nicht so, wie er aussehen sollte. Nicht
wie Marias Bauch. Und nicht wie die Bäuche der Mädchen
eben im Fernsehen.

„Verflixt", murmelte ich.

Und dann beschloss ich abzunehmen.

3

„Du bist schon fertig?", fragte meine Mutter abends im Restaurant verwundert. „Du hast ja kaum etwas gegessen. Geht es dir nicht gut?"

„Doch, es ist alles in Ordnung", sagte ich.

„Willst du kein zweites Brötchen, Fina?", fragte meine Oma beim Frühstück und hielt mir den Brötchenkorb entgegen.

„Nein, danke", sagte ich nachdrücklich und räumte schnell mein Frühstücksgeschirr ab.

„Warum isst du dein Schinkensandwich nicht, Fina?", erkundigte sich Maria mittags am Strand verwundert und kramte in unserem prall gefüllten Proviantkorb. „Kann ich es haben, wenn du es nicht willst?"

Ich nickte schnell, dabei hatte ich schrecklichen Hunger.

Fast eine ganze Woche verging.

Warum wurde ich nicht dünner? Obwohl mein Magen knurrte und knurrte und knurrte, sah ich aus wie immer. Ärgerlich kaufte ich mir, als wir spätabends noch einen Spaziergang am Strand machten, an einem Kiosk eine neue Tüte Chips und aß sie hungrig leer. Der Himmel war dunkel und voller Sterne und eine einzelne Möwe schrie klagend und ich musste für einen Moment an die dicke Französin in der Werbesendung denken. Sofort bereute ich die Chips. In Zukunft würde ich es besser machen.

Noch vier Tage, bis wir heimfahren würden. Noch drei Tage. Noch zwei Tage. Morgen. Ich schrieb eine Postkarte an meine Oma in Italien.

Liebe Nonna!

Du fehlst mir. Wir sind in Antibes. Du weißt doch, hier hat meine andere Oma ein Haus am Meer. Ich wünschte, du wärst hier. Oder ich wäre bei dir in Italien. Ich habe dich lieb. Deine Fina.

Ich schrieb auf Deutsch, weil ich es auf Italienisch nicht mehr konnte.

„Warum schreibst du ihr immer?", fragte Maria, als sie die Karte auf dem Tisch liegen sah. „Sie kann sie doch sowieso nicht lesen."

Ich gab keine Antwort. Ich lag einfach stumm in meinem Liegestuhl und wartete darauf, endlich dünner zu werden. Mein Körper und ich führten einen harten Kampf miteinander. In meinem Bauch rumpelte und rumorte es, ich hatte schrecklichen Hunger. Aber ich rührte mich trotzdem nicht.

Jetzt erschien auch meine deutsche Oma auf der Terrasse. Ich beachtete sie nicht weiter, aber sie nahm meine Postkarte ebenfalls in die Hand, wie meine Schwester es getan hatte.

„Warum nennst du mich immer *andere Oma*?", fragte sie ärgerlich. „Das klingt nicht nett."

Ich schwieg und schwieg und schwieg. Ich hatte Hunger, dabei hatten wir erst vor einer Stunde gefrühstückt. Ich hatte ein Ei gegessen und einen Toast mit einer dünnen Schicht Butter, mehr nicht.

„Warum isst du in der letzten Zeit so wenig?", hatte meine Mutter gefragt.

„Ich mache eine Diät", sagte ich und streute ein bisschen Zucker in den Tee.

„Warum das denn? Du bist doch nicht dick", meinte meine Oma und schüttelte den Kopf. „Du bist nur nicht so schrecklich dünn wie deine Schwester."

Was sollte ich dazu sagen? Ich dachte an den Moment, als

ich mich heute Morgen angezogen hatte. Ich konnte kein Top tragen wie Maria. Wenn ich meine Hose über die Hüften zog und den Hosenknopf schloss, quoll mein Bauch wie ein widerspenstiger, rosa Wurm über den Rand. Wie ein bösartiger, weicher Rettungsring schob er sich rundherum hervor. Ich musste ein weites T-Shirt tragen, um diesen Ring, so gut es eben ging, zu verbergen. Aber ich spürte ihn immerzu.

Mittags kam eine SMS von Moses.

Serafina-Darling, du fehlst mir!, schrieb er. *Die irischen Mädchen reden alle irgendwie ausländisch, ich verstehe praktisch kein Wort und vermisse dich! Dein Moses.*

Ja, Moses fehlte mir auch.

Einen Tag später fuhren wir nach Hause. Es war ein Tag des Triumphes. Ich schlüpfte am Morgen in meine bestickte Dreiviertel-Jeans, die mir vor zwei Wochen kaum gepasst hatte. Aber jetzt ließ sie sich einigermaßen gut über meine Oberschenkel ziehen und den Knopf bekam ich fast problemlos zu. Und der Speckwurm über dem Rand war auch kleiner geworden, ein bisschen wenigstens, da war ich mir sicher.

Zufrieden trank ich meinen Tee ohne Zucker und aß wieder nur ein geröstetes Toastbrot. Die Butter ließ ich diesmal weg und legte mir eine dünne Scheibe Truthahnschinken darauf.

Hinterher schrieb ich in mein Tagebuch:

Frühstück: 1 Scheibe Toast mit Truthahnschinken

Und mittags, als wir schon auf der Autobahn Richtung Deutschland waren, schrieb ich:

Mittagessen: 1 Apfel + 5 Trauben + 1 Schinkensandwich

Danach verstöpselte ich mir die Ohren mit meinem Diskman, hörte Robbie Williams und las dazu *Die Buddenbrooks* von Thomas Mann. Frankreich zog an mir vorüber, danach die Schweiz, und dann waren es deutsche Autobahnen, über die wir hinwegrollten. Maria schrieb sich SMS mit ihren neuen Freundinnen, die sie in Frankreich zurückgelassen hatte, und anschließend mit ihren Freundinnen zu Hause, die sie morgen wiedersehen würde.

Gegen Abend hatte ich das Buch zu Ende gelesen und mein Magen rebellierte wie verrückt, ich hatte schrecklichen Hunger.

„Wer will ein Sandwich?", fragte meine Oma und kramte in unserem Proviantkorb. Maria aß zwei Schokoriegel und zwei Brötchen mit Schinken, Käse und Salat und ich wurde immer hungriger und gereizter.

„Was möchtest du, Fina?", fragte meine Oma. „Auch ein Sandwich? Oder eine Frikadelle? Es ist auch noch Kartoffelsalat da."

„Nur einen Apfel", murmelte ich.

„Nun übertreibe es nicht, Serafina", sagte meine Mutter und sah in den Rückspiegel. Ich schwieg und blickte auf ihre sonnenverbrannten, weichen Schultern, die über den Rand des Autositzes schauten. Weiche, dickliche Haut war auf diesen Schultern. Ich musste wieder an die dicke Französin in der Werbung denken. Natürlich war meine Mutter nicht so dick wie sie, lange nicht so dick. Doch *zu dick* war sie trotzdem. Sie war erst fünfunddreißig, aber schön sah sie nicht aus. Genauso wie ich nicht schön aussah. Ich war dick. Dick. Dick. Dick. Dick. Dick. Dick ...

Ich fühlte mich schwammig und schwer und schwerfällig. Ich war dick. Dick. Dick. Dick. Dick ...

Ich merkte, wie ich müde wurde. Das Auto zischte gleichmäßig dahin und mein Magen knurrte gleichmäßig und draußen wurde es dunkel und Robbie Williams hatte längst zu Ende gesungen. Die Stöpsel in meinen Ohren rauschten und ich wünschte mir, aus meinem alten Leben irgendwie hinauszufahren, wie auch immer.

Und dann schlief ich ein.

Ich hatte mir ein weißes Kleid von Esprit gekauft, in meinem Lieblingsgeschäft in der Innenstadt. Ein weißes Sommerkleid. Die Sonne schien, als ich am ersten Tag nach den Ferien auf den Pausenhof geschlendert kam. Die anderen waren alle schon da.

„Mensch, Serafina", sagten sie und schauten mich alle an. „Du siehst ja toll aus! Wie dünn du geworden bist ..."

Ich lächelte ihnen zu und war plötzlich so froh.

Die Welt hatte sich verändert, wunderbar verändert.

Als wir zu Hause ankamen, war es Nacht. Maria wachte nur kurz auf, stolperte in ihr Bett und schlief sofort wieder ein. Aber ich war nach meinem Traum hellwach. Ich hatte stechende Bauchschmerzen, ich fühlte mich völlig leer und ausgehungert. Es war, als hätte ich ein schmerzendes Loch im Bauch.

Ich wollte einen warmen Kakao mit Sahne trinken, um mich aufzuwärmen und meinen rumorenden Magen zu versöhnen.

Und ich wollte endlich wieder einmal ein Brötchen mit Butter und Nutella essen.

Oder noch besser, einen großen Teller Spaghetti Bolognese mit einem Berg Parmesankäse.

Oder einen großen Teller Pommes frites mit einem panierten Schnitzel.

Oder mit Currywurst.

Oder etwas anderes.

Ich hatte Hunger, Hunger, Hunger.

Es dauerte eine Weile, bis meine Mutter meine Oma nach Hause gefahren hatte und wieder zurückkam. Aber dann war es endlich still in der Wohnung. Stille, tiefe

Nacht. Frierend lag ich in meinem Bett und konnte nicht einschlafen. Obwohl ich müde war, obwohl ich mich völlig zerschlagen fühlte, obwohl mir fast die Augen zufielen. Aber es half alles nichts. In mir rumorte ein beißender Hunger, der mich wachhielt.

Widerwillig ging ich schließlich in die Küche. Auf dem Küchentisch stand vergessen der fast leere Proviantkorb der langen Autofahrt. Ein kleines, aufgeweichtes Brötchen lag noch darin. Schnell wickelte ich es aus der Frischhaltefolie und schob es mir in den Mund. Ich konnte kaum kauen, so hungrig war ich. Hinterher war es wenigstens ein bisschen besser. Leise schlich ich zurück in mein Zimmer und schrieb in mein Tagebuch:

Nachts: 1 Brötchen mit Butter und Schinken! Mist!

Morgen würde ich mir Margarine kaufen. Margarine war auf jeden Fall besser als Butter für jemanden wie mich.

Am anderen Morgen regnete es. Es war der erste Regen seit Wochen und alle atmeten auf. Es war der Tag, an dem ich Fritz kennenlernen sollte.

Meinem Mammutbaum ging es gut, während die kleine Paradiesvogelblume in meiner Abwesenheit braune, knittrige Blätterspitzen bekommen hatte. Ich goss die beiden vorsichtig und überflog hinterher die vielen Postkarten von Moses.

Signorina Serafina, du fehlst mir!, stand auf einer.

Habe den totalen Megazoff mit meinem Vater. Denke darüber nach, mich seiner zu entledigen. Ein Schubs von einer Felsenklippe am Meer? Eine Prise Arsen? Ein paar Tropfen Zyankali? Oder soll ich mir besser einen rauchenden Colt besorgen und ihn damit ins Jenseits pusten???, stand auf einer anderen.

War letzte Nacht im heruntergekommensten Pub der Welt und habe

*mich komplett betrunken! Danach habe ich die halbe Nacht ge-
kotzt. Mein Vater hat ziemlich rumgemuffelt ...,* stand auf einer
dritten.

Und auf einer Karte, auf der die englische Königin abgebil-
det war, der Moses eine punkige Frisur und einen Vollbart
dazugemalt hatte, stand: *Mein irre potenter Vater hat sich eine
irre irische Freundin angelacht: Marilyn! Sie ist dürr wie eine Spaghetti, aber irre sexy. Ich werde mich mit meinem irren Dad um sie
duellieren müssen!!!*

Und auf einer letzten Karte, auf der ein Dackelwelpe zwischen zwei Sandwichbrotscheiben lag („Hotdog" stand darauf), schrieb er: *Nein, mein Vater darf Marilyn natürlich behal-
ten! Ich liebe schließlich nur dich! Dein Moses.*

Ich lächelte und schaute zu meinem Mammutbaum. Bis er
die „Wir-fahren-nach-Italien-Marke" erreichen würde, hatte
er noch ein langes Stück zu wachsen ...

Dann ging ich frühstücken. Meine bestickte Dreiviertel-
Jeans passte mir immer besser. Jetzt kniff sie nicht einmal
mehr an den Oberschenkeln. Wenn man bedachte, dass ich
mich früher immer hatte hinlegen müssen, um mich in sie
hineinzuzwängen, war das schon ein echter Erfolg!

Meine Mutter saß am Esstisch und las *Ein Sommernachtstraum.* Sie liest gerne Theaterstücke und am liebsten Shakes-
peare. Meine Schwester war mit unserer deutschen Oma in
der Stadt beim Einkaufen.

„Guten Morgen, Süße", sagte meine Mutter und legte den
Sommernachtstraum zur Seite. „Ich habe eine Riesentüte
frische Schokocroissants beim Bäcker geholt, die magst du
doch so gerne. Nachher werden wir einen Großeinkauf machen müssen, wenn wir nicht verhungern wollen ..."

Sie legte mir ein Croissant auf den Frühstücksteller. Ich schaute es an und mir lief das Wasser im Mund zusammen. Aber ich zögerte. Croissants waren echte Dickmacher, soweit ich wusste. Enthielten sie nicht sehr viele Kalorien?

Was genau waren überhaupt Kalorien? Spaghetti jedenfalls hatten eher viele Kalorien, während Obst wohl so gut wie gar keine hatte. Und ein Brötchen mit Butter fiel auch viel mehr ins Gewicht als ein Knäckebrot mit Margarine.

Wie viele Kalorien durfte man überhaupt am Tag zu sich nehmen, wenn man gerade eine Diät machte?

„Was ist los?", erkundigte sich meine Mutter und legte ihre Hand auf meine Hand. „Was hast du?"

„Nichts", sagte ich seufzend und dann schob ich den Teller mit dem Croissant von mir weg.

„Fina, was soll das?", fragte meine Mutter, schaute mich mit gerunzelter Stirn an und nahm ihre Hand von meiner.

„Ich will doch nur ein bisschen abnehmen", sagte ich und schenkte mir ein Glas Orangensaft ein. „Ich habe heute Morgen überhaupt keinen Hunger, wirklich."

Meine Mutter sah mich an. „Serafina, du bist nicht dick. Und es muss auch nicht jeder irgendeinem idiotischen Schlankheitsideal zu hundert Prozent gerecht werden."

„Mama, bitte!", sagte ich gereizt. „Ich will doch nur etwas abnehmen. Das wird ja wohl noch erlaubt sein!"

Und dann trank ich schnell meinen Orangensaft aus und floh aus der Küche zurück in mein Zimmer.

Frühstück: 1 Glas Orangensaft, schrieb ich ein paar Minuten später zufrieden in mein Tagebuch.

Kurz darauf klingelte es.

„Fina, es ist für dich", rief meine Mutter und machte meine Zimmertür auf. Es war Ernestine, meine neue Nachbarin.

„Schön, dass du wieder da bist", sagte sie und kam herein.

Wir lächelten uns an und Ernestine setzte sich zu mir auf meinen gelb-orange gestreiften Flickenteppich.

Dann schaute sie zu meiner Paradiesvogelblume auf dem Fensterbrett hinüber.

„Tut mir leid, dass sie irgendwie kränklich aussieht", sagte sie entschuldigend. „Dabei habe ich sie genau so gegossen, wie du es mir gesagt hast. Aber wenigstens der kleine, lustige, krumme Baum hat sich gut gehalten ..."

„Ist schon in Ordnung", sagte ich und dann erzählte ich Ernestine von Moses, dem Züchter der beiden eigenartigen Pflanzen.

„Er ist irgendwie komisch und eigen", hörte ich mich sagen. „Er trägt eine schwarze Nickelbrille und zieht verrückte, alte Klamotten an, die er auf dem Flohmarkt einkauft. Er sagt, er tut es, weil er die Modeindustrie boykottiert, die den Leuten nur das Geld aus den Taschen ziehen will. Andererseits hat er eigene Aktien, die ihm seine Mutter mal geschenkt hat, und deswegen liest er regelmäßig die Börsenberichte in der Tageszeitung. Und dann rast er mit seiner Mutter im Schlepptau wie ein Wilder zur Bank und kauft und verkauft Aktien und rechnet aus, wie reich er gerade ist."

Ernestine lachte und schüttelte sich die Haare aus dem Gesicht und wieder wünschte ich, auch so auszusehen wie sie.

„Wirklich, ein komischer Kauz, dein Moses", sagte sie kopfschüttelnd.

„Wir spielen übrigens zusammen Saxofon", erzählte ich dann. Aber ich erzählte nicht, dass wir auch sonst immer zusammen waren, Moses und ich. Dass wir uns gegenseitig Bücher vorlasen und das alles. Ich wusste selbst nicht genau, warum ich es nicht erzählte, ich tat es einfach nicht.

„Seid ihr ein Paar?", fragte Ernestine neugierig.

Ich schüttelte den Kopf.

„Aber er ist bestimmt in dich verliebt", bohrte sie.

„Nein, ist er nicht", sagte ich schnell.

„Wie sieht er aus? Mal abgesehen von seiner Woody-Allen-Brille?", fragte Ernestine.

Ich schwieg nachdenklich. Moses war in etwa so groß wie ich. Er hatte diese zerstrubbelten, schwarzen Haare. Und grüne Augen mit langen, gebogenen Wimpern. Eigentlich sah er nicht wirklich schlecht aus. Aber er war, wie ich, zu dick. Zu rund. Zu schwerfällig. Er war nicht sportlich. Und nicht cool.

Ich seufzte.

„Okay, ich werde ihn ja sowieso bald kennenlernen, denke ich", sagte Ernestine und lächelte mir zu. „Schön, dass du hier wohnst."

Ich lächelte zurück. „Schön, dass du hier eingezogen bist."

4

Und dann lernte ich Fritz kennen.

„Willst du noch ein bisschen mit zu mir hochkommen?",
fragte Ernestine nämlich, nachdem wir eine CD zusammen
gehört und uns eine Weile unterhalten hatten. „Mein Bruder Fritz hat gestern irgendwo sämtliche *Ally-McBeal-Filme*
auf Video aufgetrieben und jetzt liegt er bei uns im Wohnzimmer vor der Glotze und schaut eine Folge nach der
anderen. Er gibt es nicht zu, aber er liebt Calista Flockhart,
die Ally McBeal spielt!"

„Dein Bruder heißt Fritz?", fragte ich.

Ernestine nickte. „Noch schlimmer als mein Name, nicht
wahr?", fragte sie lachend, und dann gingen wir.

„Ich gehe zu Ernestine", sagte ich zu meiner Mutter, die
immer noch am gedeckten Frühstückstisch saß und las.

„Wann kommst du wieder?", fragte meine Mutter und
schaute hoch.

„Gegen Mittag", sagte ich vage.

„Gut, ich koche einen Riesenberg Spaghetti Bolognese."
Sie schaute Ernestine an. „Willst du mitessen?"

Ernestine strahlte. „Gerne. Allerdings esse ich kein
Fleisch", sagte sie, während ich schon die Wohnungstür
aufmachte.

„Machst du etwa auch eine Diät?", fragte meine Mutter,
und ihre Stimme klang verwundert.

„Nein", sagte Ernestine. „Wir sind einfach so Vegetarier,
mein Bruder und ich."

Dann gingen wir zusammen nach oben.

„Nett, deine Mutter", sagte Ernestine.

Ich nickte.

„Was hat sie denn mit der Diät gemeint? Machst du eine?"
Ich nickte wieder.

Ernestine sah mich für einen Moment von Kopf bis Fuß an.

„Aber so richtig nötig hast du das nicht. Ich meine, richtig dick bist du nicht ..."

Richtig dick ...

Ich schluckte und gab keine Antwort.

Und dann sah ich Fritz.

Er lag auf einem alten, abgewetzten Ledersofa in einem merkwürdig eingerichteten Wohnzimmer und blickte nicht hoch, als wir hereinkamen.

„Fritz, ich habe Serafina mitgebracht", sagte Ernestine. „Sie ist unsere neue Nachbarin."

„Die mit dem Mini-Mammutbaum im Zimmer?", fragte Fritz und aß eine Hand voll Tacos.

„Ja", sagte Ernestine und setzte sich auf einen sonnigen Fleck auf dem Holzboden.

Ich setzte mich neben sie.

„Hallo, Mammutbaum-Nachbarin", sagte Fritz und schaute immer noch starr auf den Fernseher.

„Hallo ...", sagte ich leise.

„Ich habe dir ja schon erzählt, dass Fritz Ally McBeal liebt", erklärte Ernestine und nahm sich ebenfalls eine Hand voll Tacos. „Willst du auch?"

Ich schüttelte den Kopf, obwohl ich ziemlichen Hunger hatte. Mein Magen knurrte schon wieder und ich hoffte inständig, dass es keiner hörte.

„Vernünftig von dir, ist sowieso ungesund, das Zeug", sagte Ernestine und nahm sich noch eine Hand voll.

„Hör auf, mein Mittagessen zu klauen", murmelte Fritz kauend und mit vorwurfsvoller Stimme.

Ich saß einfach nur stumm da und fühlte mich bleischwer vor Schreck. Ich war so erschrocken, weil ich nicht verstand, was mit mir los war. Konnte man sich in einen fremden Jungen, der reglos und ohne einen anzusehen auf einem Sofa lag und stur in eine andere Richtung sah und dabei Tacos in sich hineinstopfte, verlieben? Gab es so etwas? Im Grunde sah ich nur sein Profil und seine braunen Haare, die ein bisschen, aber nicht sehr lockig waren.

Er trug ein verwaschenes schwarzes T-Shirt und eine ausgefranste, weite Skaterhose. Seine Füße waren nackt und seine Arme waren sommersonnenbraun und dünn und sehnig.

Ich musste plötzlich an Moses denken. Er kam mir hässlich und lächerlich gegen Ernestines Bruder vor. Wie alt er wohl war? Ich schätzte ihn auf sechzehn oder siebzehn.

Eine Weile sagte keiner ein Wort. Ernestine hatte eine Flasche Cola geholt und Fritz bewegte sich nur, um ab und zu nach der Tüte mit den Tacos zu greifen. Vor uns lief der Fernseher, aber ich bekam kaum etwas mit. Ich starrte vor mich hin und gab mir Mühe, nicht zu oft zu Fritz hinüberzuschauen, damit er nicht mitbekam, was passiert war. Aber darüber brauchte ich mir keine Sorgen zu machen, denn er sah kein einziges Mal zu mir herüber.

Irgendwann hielt ich es nicht mehr aus.

„Ich gehe mal kurz zu mir runter", sagte ich leise zu Ernestine, die mich fragend anschaute, als ich aufstand.

Ernestine nickte und ich ging nach Hause und legte mich auf mein Bett. Plötzlich merkte ich, dass ich weinte, warum auch immer. Vielleicht weinte ich, weil ich nicht wusste, was nun werden sollte. Vielleicht weinte ich aber auch aus einem anderen Grund. Jedenfalls war ich schrecklich erschrocken darüber, dass es solche Gefühle gab. Für jemanden, von dessen Existenz ich heute früh noch nicht einmal etwas gewusst hatte. Für jemanden, der mich noch nicht einmal angeschaut hatte.

Ich fühlte mich von Kopf bis Fuß unter Strom.

Hallo, Mammutbaum-Nachbarin, hatte er zu mir gesagt. Sogar seine Stimme klang schön.

Bleischwer stand ich auf und sah hinaus in den Regen, der immer noch draußen durch die windige Luft geflogen kam und gegen mein Fenster prasselte. Ich legte meine Stirn gegen die kühle Fensterscheibe und fühlte mich unbedeutend.

Nie, nie, nie würde Ernestines Bruder sich für mich interessieren. Nicht jemand wie er. Dazu sah er viel zu gut aus. Zu gut und zu selbstbewusst. Ganz sicher gehörte ich nicht zu der Sorte Mädchen, für die Fritz sich interessieren würde. Dazu war ich zu dick, zu schwerfällig, zu unsicher.

Auf einmal ekelte ich mich vor mir selbst.

Und ich hatte Hunger.

Meine Beine waren zu stämmig. Stämmig und knubbelig und formlos. Nicht einmal meine Kniescheiben zeichneten sich richtig ab.

Auch mein Po war zu dick. Genau wie mein Bauch.

Warum konnte ich nicht aussehen wie Maria? Warum konnte ich nicht ihre langen, dünnen Beine haben? Und ihr schmales Gesicht? Und ihren flachen, makellosen Bauch?

Ich war ein Monster, ja, das war ich. Ein dickes, schwerfälliges Monster mit einem zu runden Gesicht. Und mit dicken, aufgeplusterten, unvorteilhaften Körperteilen.

Obwohl ich seit der letzten Ferienwoche in Frankreich weniger aß.

„Wer will noch Spaghetti?", fragte meine Mutter etwas später.

„Ich", sagte Maria und hielt ihren Teller für eine zweite Portion hoch.

„Ich auch", sagte Ernestine, die ihre Nudeln mit Olivenöl und Basilikum anstelle der Hackfleischsauce aß. Sogar ein paar Pinienkerne hatte meine Mutter noch in der Speisekammer gefunden und für Ernestine auf den Tisch gestellt.

Ich hatte mir nur eine sehr kleine Portion Nudeln genommen. Mit einem winzigen Klecks Fleischsauce.

„Du übertreibst es wirklich, Fina", hatte meine Mutter sofort gesagt. Und jetzt waren alle längst fertig – außer mir. Ich aß ganz langsam, weil ich hoffte, so schneller satt zu werden. Alles in mir sehnte sich danach, mir mehr zu nehmen, eine ganz große Portion, und dann noch eine. Ich sehnte mich danach, mir den Mund vollzustopfen und mit vollen Backen zu kauen. Ich hatte das Gefühl, überhaupt noch nie so hungrig gewesen zu sein wie an diesem Tag.

Aber ich war ein Monster. Ein dickes, schwerfälliges Monster.

Ich wollte abnehmen. Ich wollte hübsch werden. Ich wollte sein wie Ernestine. Ich wollte, dass ihr Bruder mich mochte.

Ich schaute in die noch halb vollen Töpfe und riss mich zusammen. Ich würde nicht mehr essen als diese kleine Portion auf meinem Teller. Ich schwor es mir stumm.

Und es klappte.

Am Nachmittag kam mein Vater zurück.

„War viel zu lange in Genua unten", sagte er kleinlaut und schaute seine Post durch. Danach telefonierte er eine halbe Ewigkeit mit Fabrizio, seinem Angestellten, der die letzten drei Wochen allein in der Firma gewesen war.

„Ärger, Ärger, nichts als Ärger ...", murmelte er hinterher und vertiefte sich in ein paar Unterlagen.

„Papa, wie geht es Nonna?", fragte ich und sah meinen Vater an. Irgendetwas an ihm war verändert. Einerseits wirkte er noch nervöser und unruhiger als sonst, aber seine Augen hatten einen eigenartig fremden Ausdruck, den ich noch nie bei ihm gesehen hatte. Nie wäre ich auf das gekommen, was wirklich los war.

Jetzt blickte er hoch. Er seufzte und fuhr sich durch die Haare. „Es ist schrecklich, Serafina", sagte er leise. „Sie kann nicht leben und nicht sterben. Sie ist da und doch nicht da. Ich habe ihr viel von euch erzählt und ich bin sicher, sie hat mich verstanden. Ihre Augen sind noch wie früher, aber so traurig. Ich habe ihr *Don Giovanni* mitgebracht und als ich die CD eingeschaltet habe, hat sie geweint ..."

Mein Vater schüttelte bedrückt den Kopf und sagte nichts mehr.

Da ging ich niedergeschlagen zurück in mein Zimmer.

Ernestine war vor einer Weile gegangen. Sie hatte einen Termin beim Zahnarzt und wollte später noch einmal vorbeikommen.

Ich ging zum Supermarkt und kaufte mir ein Päckchen Diätmargarine. Und eine Packung Knäckebrot. Und einen Liter Magermilch.

Als ich zurück nach Hause kam, fing mich Maria an der Wohnungstür ab.

„Mama und Papa haben sich gestritten", sagte sie und ich sah, dass sie geweint hatte. „Mama hat eine Menge Türen zugeknallt und war schrecklich wütend und Papa hat irgendetwas zugegeben und dann ist Mama einfach gegangen."

„Und wo ist Papa?", fragte ich. In der Wohnung war es ganz still.

„Er ist Mama hinterhergelaufen", erklärte Maria, zog die Nase hoch und zuckte gleichzeitig mit den Achseln. Wir gingen ins Wohnzimmer. „Aber Mama hat ein Taxi genommen und ist weggefahren. Ich habe es durch mein Fenster gesehen. Papa hat versucht, sie am Einsteigen zu hindern, da hat sie ihm so etwas wie eine Ohrfeige gegeben und ist doch gefahren ..."

Wir setzten uns auf den Balkon und Maria aß Schokolade und ich sah ihr dabei zu.

In meinem Kopf drehte sich alles. Ich hatte schrecklichen Hunger, ich musste immerzu an Fritz in der Wohnung über uns denken, und der Streit meiner Eltern beschäftigte mich auch. Was war nur passiert?

Das Handy meines Vaters lag vergessen auf dem Wohnzimmertisch. Ab und zu klingelte es. Dreimal leuchtete Fabrizios Name auf dem kleinen Display auf, aber viel öfter stand „Unbekannter Anruf" darauf. Irgendwann hielt ich es nicht mehr aus und nahm einen dieser unbekannten Anrufe an.

„Serafina Giordano?", fragte ich und hatte Herzklopfen.

Sofort wurde die Leitung unterbrochen. Und danach klingelte das Handy meines Vaters nicht mehr.

Am frühen Abend klingelte unser gewöhnliches Telefon. Es war Moses.

„Darling, ich bin noch in Irland. Aber morgen komme ich heim. Ich wollte nur schnell hören, ob du schon wieder im Lande weilst", rauschte es holprig über irgendeinen fernen Satelliten, der Irland und Deutschland in diesem Moment für uns verband.

„Ja, ich bin wieder da", sagte ich und musste an Fritz denken. Wie schön wäre es, wenn er mich ganz einfach so anriefe.

„Okay, dann kannst du morgen Abend mit mir rechnen, Fina", rief Moses zufrieden aus Irland zu mir herüber. „Ich sterbe nämlich vor Sehnsucht nach dir!"

Im nächsten Moment war die Verbindung abrupt unterbrochen. Hatte Moses aufgelegt?

Noch vor meinen Eltern kam Ernestine zurück.

„Wurzelbehandlung, ich bin halb tot …", murmelte sie undeutlich und verzog das Gesicht. Dann holte sie etwas aus ihrem Rucksack. „Da, das hier habe ich für dich aus einer dieser blöden Wartezimmer-Frauenzeitschriften gerissen", nuschelte sie und hielt sich die Backe dabei. „Eine Kalorientabelle und so eine Liste, in der steht, was du essen kannst und was besser nicht, wenn du abnehmen willst."

Sie drückte mir die herausgerissenen Seiten in die Hand und ließ sich anschließend rücklings auf mein Bett fallen.

„Aua, aua, aua", murmelte sie und schloss die Augen.

Ich warf einen neugierigen Blick auf die Kalorienseite.

Himmel, ein einziger kleiner Muffin hatte 450 Kalorien! Und eine einzige Tasse Kakao schon 131! Eine Tasse Kräutertee dagegen hatte nur 1 Kalorie.

Das bedeutete ja, dass man mit einer einzigen Tasse Kakao genauso viele Kalorien zu sich nahm, wie wenn man 131 Tassen Kräutertee trinken würde!

„He, sogar Knäckebrot hat ja total viele Kalorien", rief ich schon im nächsten Moment überrascht. „Drei Knäckebrote haben tatsächlich 135 Kalorien!"

Ich schaute auf die andere Zeitungsseite. „Das ist in etwa so viel wie eine Portion Gulasch!"

„Ich werde sowieso nie wieder etwas essen können nach dieser Zahnarztprozedur", jammerte Ernestine mit geschlossenen Augen.

„Und, Ernestine, hier steht, eine Portion Spaghetti mit Pesto hat genauso viele Kalorien wie ganze vier Teller Nudeln mit Tomatensauce!"

Ich legte die Blätter in meine oberste Schreibtischschublade und Ernestine ging nach Hause.

„Kommst du noch ein bisschen mit hoch?", fragte sie mich, aber ich schüttelte schnell den Kopf. Ich wollte Fritz erst wieder begegnen, wenn ich dünner geworden war.

Ich lernte es auswendig.

Eine Tüte Gummibärchen war so viel wie vier Kugeln Eis.

Ein Semmelknödel so viel wie zwei Portionen Seelachs.

Ein Fischstäbchen so viel wie drei Hähnchenbrüste.

Eine kleine Portion Pommes frites so viel wie fünf Kartoffeln.

Zwei Tafeln Schokolade so viel wie eine ganze Packung Zwieback.

5

Am Abend kamen meine Eltern wieder, zusammen im Auto meines Vaters. Meine Mutter sah immer noch aufgeregt und durcheinander und wütend aus. Und mein Vater war erschöpft und blass und seine Haare zerzaust.

Zuerst sprach keiner von ihnen ein Wort und in dieser lauernden Stille vergaßen sie das Abendbrot und Maria und mich und alles andere. Sogar als Fabrizio wieder anrief, weil es ein Problem in der Firma gab, winkte mein Vater nur ungeduldig ab.

Aber dann ging der Streit doch weiter.

„Ich habe es sofort gesehen, als du zur Tür hereinkamst, Giorgio Giordano", schrie meine Mutter und fegte ein paar Firmenunterlagen vom Küchentisch.

„Amanda, bitte ...", murmelte mein Vater.

„Es war dein Blick! Ich kenne doch diesen Blick ..." Meine Mutter unterbrach sich und ich hörte, dass sie weinte.

„So war es vorhin auch ...", sagte Maria und kam in mein Zimmer.

„Angeletta! Wie die Kuh deiner Mutter!", schrie meine Mutter im Wohnzimmer. „Dass du dich nicht schämst, Giorgio!"

„Amanda, bitte ...", rief mein Vater. Zu mehr schien er nicht in der Lage zu sein.

„Sie werden sich schon wieder vertragen", sagte ich zu Maria und kam mir auf einmal sehr erwachsen vor.

„Kann ich heute Nacht bei dir schlafen?", fragte Maria. Ich nickte und Maria holte ihre Matratze aus ihrem Zimmer. Unsere Eltern hatten die Wohnzimmertür zugemacht und merkten es gar nicht.

Abends: nichts!, schrieb ich in mein Tagebuch.

Nachts, im meinem dunklen Zimmer, als Maria längst schlief und aus dem Wohnzimmer ebenfalls kein Laut mehr kam, legte ich prüfend meine Hand auf meinen Bauch.

Ich war dünner geworden, da war ich mir sicher. Morgen würde ich mich wiegen. Im Schlafzimmer meiner Eltern stand die Waage meiner Mutter.

Ich lächelte zufrieden in die Dunkelheit hinein und schlief mit knurrendem Magen ein. Aber zum ersten Mal war mein knurrender Magen nicht mehr mein Feind, sondern mein Freund.

Mitten in der Nacht wachte ich wieder auf. Meine Eltern schrien sich im Schlafzimmer an.

„Ich hasse dich!", schrie meine Mutter.

„Amanda, es reicht jetzt", schrie mein Vater.

„Weißt du noch, wie wir uns kennengelernt haben? Weißt du noch, der Nachmittag am Meer? Weißt du noch, die Beerdigung deiner Schwester? Weißt du noch, unsere erste Nacht im Garten deiner Eltern? Weißt du noch, wie wir in Rom auf der Viale del Monte Oppio zusammen einen Schwangerschaftstest gekauft haben, als ich mit Serafina schwanger war?", schrie meine Mutter.

„Ja, das weiß ich natürlich alles noch, Herrgott nochmal!", schrie mein Vater.

„Und jetzt das!", schrie meine Mutter. „Warum? Warum, Giorgio?"

„Es tut mir leid", schrie mein Vater. „Wie oft soll ich das noch sagen?"

„Das weiß ich nicht", schrie meine Mutter.

Einen Augenblick lang schrie keiner.

„Was ist das für eine Frau, die Angeletta heißt wie eine Kuh? Wie sieht sie aus? Wie alt ist sie? Wo hast du sie kennengelernt? Was hat sie, was ich nicht habe?", schrie meine Mutter dann.

„Amanda, bitte hör auf zu schreien", schrie mein Vater. „Bitte beruhige dich, um Himmels willen."

Die Kirchturmuhr ein paar Straßen weiter schlug drei Uhr. Was mussten die Nachbarn denken?

„Wie soll ich mich beruhigen, kannst du mir das mal sagen?", schrie meine Mutter.

„Es wird alles in Ordnung kommen", schrie mein Vater.

Und dann schrie meine Mutter, dass sie nicht glaubte, dass jemals wieder irgendetwas in Ordnung kommen würde, und dass sie über so einen blöden Satz nur lachen konnte. Und dann lachte sie lange und laut, aber es klang nicht lustig, sondern traurig und böse.

Ich lag da und war erschrocken und verwirrt. Mein Vater hatte meine Mutter betrogen, so viel stand fest. Er hatte eine andere Frau geküsst, vielleicht sogar mit ihr geschlafen. Bestimmt mit ihr geschlafen.

Nachdem meine Mutter endlich aufgehört hatte zu lachen, wurde es ganz still. Ein paar Sekunden später klappte leise die Schlafzimmertür und jemand ging leise durch den Flur und an meiner Zimmertür vorbei ins Wohnzimmer. Eine Bettdecke raschelte.

Still starrte ich in die Dunkelheit und lauschte auf den gleichmäßigen Atem meiner Schwester. Verrückt, dass sie bei dem Geschrei nicht einmal aufgewacht war. Aber so war es eben. Maria verschlief die Katastrophen, während ich ihnen nicht entkam.

Es schlug halb vier. Und dann vier. Hellwach lag ich da. Mein Magen rumorte leise und gemächlich. Ich stellte erleichtert fest, dass ich auf einmal nur noch ein bisschen Hunger hatte. Der nagende, bohrende, bösartige Hunger der letzten Woche war verschwunden, wie auch immer.

Meine Gedanken wanderten zurück zu meinen Eltern, zu meinem Vater. Warum war er wohl eine ganze Woche länger in Italien geblieben, als ursprünglich geplant? Und warum war er überhaupt nach Genua gefahren? Wegen dieser Frau, die Angeletta hieß? Und *warum* hatte er getan, was er getan hatte? Ob diese Frau jünger, hübscher, interessanter als meine Mutter war?

Meine Mutter war eben zu dick und zu unansehnlich. Unmerklich war sie immer dicker geworden. Und jetzt war sie dick.

Genau wie ich. Ich war auch unmerklich immer dicker geworden. Und jetzt war ich dick, zu dick.

Auch meine deutsche Oma war dick.

Wer war noch dick?

Moses.

In unserer Klasse gab es, seit Moses sitzen geblieben war, niemanden außer mir, der dick war.

Aber unsere Biologielehrerin und unser Religionslehrer waren ebenfalls dick.

Und unser Briefträger war noch dicker als dick, er war fett. Er roch immer nach Schweiß, wenn er die Straße zu unserem Haus hinaufgetrottet war. Der Schweiß floss ihm dann in Rinnsalen über die Schläfen.

Ich musste plötzlich an unseren Sportunterricht denken.

„Nun gib dir doch mal ein bisschen Mühe, Serafina", sagte Frau Mack, unsere Sportlehrerin, oft.

Ich hasste den Stufenbarren und die Ringe und das Trampolin und das Reck und den Schwebebalken. Und das große Sportfest im Frühling hasste ich ebenfalls.

„Serafina, streng dich an, du bist doch kein Mehlsack!", rief Frau Mack und maß nach, wie weit und wie hoch ich gesprungen war.

Sie hatte diesen Satz wirklich gesagt. Vor allen anderen.

„Mach dir nichts draus", hatte Moses hinterher zu mir gesagt. „Meine Mutter hat vor einem halben Jahr ihre Scheidung gemanagt. Ihr Mann muss sie ziemlich mies behandelt haben ..."

Er grinste mir aufmunternd zu.

Aber nur weil ihr Mann sie mies behandelt hat, muss sie mich noch lange nicht mies behandeln, dachte ich unglücklich. Aber ich sagte nichts. Ich fühlte mich nur schlecht. Und mittags ging ich mit Moses in die Eisdiele und wir bestellten uns zusammen eine Eisbombe.

In der nächsten und übernächsten Sportstunde erklärte ich, dass ich Kopfschmerzen hätte und nicht mitmachen könnte.

„Du bist einfach zu träge", sagte Frau Mack und schaute mich missbilligend von Kopf bis Fuß an. „Du müsstest dich insgesamt mehr bewegen, Serafina, dann wäre auch dein Kreislauf stabiler und du hättest auch nicht mehr so oft Kopfschmerzen."

Frau Mack war dünn und hübsch und sportlich. Ich blieb stumm und ging zurück in den Umkleideraum.

Hier gab es eine Menge Spiegel, aber ich wollte mich nicht sehen. Wütend drehte ich die drei Duschen bis zum Anschlag auf und eine Menge heißes, dampfendes Wasser ließ die schrecklichen Spiegel beschlagen. Am Nachmittag dieses Tages war ich mit Moses in seiner Bank gewesen, wo er ein paar Aktien verkaufte. Ich vermied es, in die Schaufenster der Fußgängerzone zu blicken.

Überall spiegelte ich mich. Überall war die stämmige, träge Serafina Giordano zu sehen, die ich nicht sehen wollte. Auf keinen Fall.

Moses schien von alldem nichts mitzubekommen. Er trottete gut gelaunt neben mir her und rechnete leise und zufrieden vor sich hin.

„Ich werde heute ein paar gute Geschäfte machen, Signorina Serafina", sagte er und lud mich auf dem Weg zur Bank zu einem Spaghettieis ein. Damals schlug ich es nicht ab.

Aber jetzt war alles anders.

„Papa hat übrigens im Wohnzimmer geschlafen", informierte mich Maria am Morgen. Die Sonne schien in mein Zimmer und in ihrem Lichtschein tanzten winzige Staubkörner herum. Das sah schön aus. Ich wollte nicht an meine Eltern und ihren Streit und die Frau aus Genua denken.

Ich hatte von Ernestines Bruder geträumt, kurz vor dem Aufwachen. Er hatte mich angelacht und seine langen, dünnen braunen Arme um mich gelegt und seine Stirn gegen meine gelehnt.

He, Mammutbaum-Nachbarin, ich mag dich!, hatte Fritz in diesem Traum zu mir gesagt.

„Hast du gehört, Fina?", fragte Maria.

„Ja", sagte ich kurz, weil ich das schöne Gefühl, das ich immer noch in mir hatte, nicht zerstören wollte.

Maria ging ins Badezimmer und ich blieb noch in meinem Bett. In der Küche klapperte Geschirr. Meine Eltern waren beide Frühaufsteher. Wer von ihnen war wohl gerade dabei, den Frühstückstisch zu decken? Es roch nach Kaffee und nach Spiegeleiern. Warum, um Himmels willen, fingen sie schon morgens an, fettiges Essen zu brutzeln?

„Fina, wir frühstücken!", rief meine Mutter nach einer Weile. Ganz langsam stand ich auf. Auf dem Weg ins Bad kam ich an der offenen Schlafzimmertür vorbei. Das Bett war schon gemacht. Ordentlich lag die Decke meines Vaters neben der meiner Mutter. So, als wäre alles in Ordnung, so, als hätte es das Geschrei heute Nacht gar nicht gegeben. Schnell schlüpfte ich in das stille Schlafzimmer hinein und schloss die Tür hinter mir. Unter dem Bett stand die Waage meiner Mutter. Ich zog sie hervor und stellte mich vorsichtig darauf. Die roten Digitalziffern sprangen an und mein Herz machte einen Sprung. Ich wog nur noch dreiundsechzig Kilo.

Drei Kilo weniger als vor zwei Wochen!

Zufrieden schob ich die Waage zurück an ihren Platz. Es war doch ganz leicht abzunehmen. Warum hatte ich nicht schon viel früher damit angefangen? Und warum fiel es so vielen Leuten so furchtbar schwer? Warum waren die Zeitschriften voll mit immer neuen Diäten? Man musste sich doch nur ein bisschen zusammenreißen und nicht alles sinnlos und wahllos in sich hineinstopfen.

Das Leben war schön. Oder es würde wenigstens ab jetzt schön werden. Ich würde kein Mehlsack mehr sein, der kraftlos und schwerfällig am Stufenbarren hing und den Aufschwung nicht schaffte.

Ich würde werden wie Ernestine. Und wie die anderen Mädchen in meiner Klasse.

„Hau ab, du Trampel!", hatte Benedikt manchmal zu mir gesagt, damals in unserem ersten Winter in Deutschland.

Immer, wenn im Sportunterricht Mannschaften gewählt wurden, blieb ich bis zum Schluss stehen.

„Mist, jetzt haben wir wieder den Mops in der Mannschaft!", flüsterten dann die sich zu, die mich ganz am Ende notgedrungen wählen mussten.

Und als Moses in unsere Klasse kam, flüsterte Luzie Kira zu: „Noch so ein Fleischberg ..."

Ich hatte es ganz genau gehört, aber ich gab keinen Laut von mir. Warum unternahm Frau Schmidt, unsere Klassenlehrerin, nichts? Ich starrte fest auf die zerkratzte Tischplatte vor mir und verabscheute sie dafür.

„Mach dir doch nichts draus", sagte Moses viele Wochen später.

An diesem Tag hatte Jonas auf dem Schulhof laut „Aus dem Weg, Fettsau!" geschrien und mich angerempelt.

Ich war auch das erste Mädchen in der Klasse gewesen, das einen Busen bekam. Benedikt und Jonas malten mich in einer Fünfminutenpause an die Tafel. Eine dicke, unförmige Kugel mit zwei riesigen, kugeligen Brüsten. SERAFINA, DAS TITTENWUNDER, schrieben sie darunter.

Unser Religionslehrer, der selber dick war, wischte das Bild kopfschüttelnd mit dem nassen Schwamm fort.

„Es gibt dicke Menschen und dünne Menschen und weiße Menschen und schwarze Menschen und laute Menschen und stille Menschen und mutige Menschen und feige Menschen und blauäugige Menschen und braunäugige Menschen und ..."

Er hielt einen Moment inne und schaute uns an. „... und kluge Menschen und dumme Menschen gibt es auch", sagte er und machte ein ernstes Gesicht. Aber mehr unternahm er nicht. Und dann sprach er über etwas anderes. Und Jonas flüsterte: „... und fette Monster gibt es auch hier und da." Dabei schaute er in meine Richtung.

Die, die in seiner Nähe saßen, lachten leise.

In der Küche waren nur meine Mutter und meine Schwester. Mein Vater war schon in die Firma gefahren.

Meine Mutter sah müde und traurig aus und aß schweigend ihre Spiegeleier. Auch Maria aß Spiegeleier, Glücksklee-Spiegeleier. Maria aß ihre gebratenen Eier immer in Glückskleeform.

Moses hatte ihr die Glücksklee-Spiegeleier-Form vor ein paar Jahren von einer Reise nach Amsterdam mitgebracht. Und mir hatte er eine Herz-Spiegeleier-Form mitgebracht.

„Willst du ein Herz-Ei?", fragte Maria darum, als ich in die Küche kam.

Ich schüttelte den Kopf, nahm mir ein Knäckebrot, bestrich es mit Margarine und legte eine dünne Scheibe Käse darauf.

„Unten im Hof sitzt dieser neue Junge und schraubt an seinem Fahrrad herum", sagte Maria und schaute zu mir herüber. „Der Bruder von Ernestine."

Ich spürte mein Herz klopfen, aber ich zwang mich, mir auf keinen Fall anmerken zu lassen, was mit mir los war.

Plötzlich holte meine Mutter tief Luft.

„Meint ihr, ihr haltet es ein paar Tage ohne mich aus?", fragte sie und schaute zuerst Maria und dann mich an.

„Wieso?", fragte Maria.

„Ich würde gerne zu Matilda fahren", sagte meine Mutter.

Matilda war ihre Schwester. Sie wohnte in Berlin und hatte kleine, laute, anstrengende Zwillinge, die sie alleine großzog.

„Ich muss einfach ein paar Tage nachdenken, versteht ihr?", fuhr meine Mutter fort, stand auf, lehnte ihre Stirn gegen das Küchenfenster und starrte hinaus.

Ich nickte. Natürlich konnte meine Mutter nach Berlin fahren.

Maria nickte auch.

„Aber dann verträgst du dich wieder mit Papa?", fragte sie leise.

Meine Mutter gab darauf keine Antwort. Stattdessen ging sie aus der Küche und packte ihre Sachen und ich ging in mein Zimmer und schrieb auf, was ich gefrühstückt hatte.

Kurz darauf klingelte es an unserer Tür. Es war Ernestine und sie blieb bei mir bis zum Abend, als Moses kam.

Moses' Gesicht war noch sommersprossiger als vor seiner Reise nach Irland – falls das überhaupt möglich war. Und er trug eine alte, zerbeulte Kniebundlederhose und eine bunte

Patchworksamtweste, die ihm um einige Nummern zu groß war. Wie immer blitzten seine grünen Augen vergnügt hinter der kleinen schwarzen Nickelbrille hervor.

Über der linken Schulter trug er seinen alten Armee-Rucksack, den er auch immer für seine Schulsachen nahm und von dem er behauptete, er habe früher einmal Che Guevara gehört. Zumindest habe ihm der Mann, der ihm den Rucksack auf einem Flohmarkt in Berlin verkauft hatte, das bei seinem Leben geschworen.

„Serafina Giordano!", rief Moses und strahlte über sein ganzes rundes, sommersprossiges Gesicht. „Mann, bin ich froh, dich wiederzusehen ..."

Plötzlich hielt er inne und musterte mich.

„Täusche ich mich oder magerst du irgendwie ab?", fragte er dann und lief prüfend um mich herum.

„Ich mache nur eine Diät", sagte ich und dann gingen wir in mein Zimmer, wo Ernestine saß und sich meine CDs anschaute.

„Oh, Besuch ...", murmelte Moses verwirrt. Tatsächlich war es das erste Mal, dass jemand bei mir war, wenn Moses kam.

„Das ist Ernestine, sie wohnt seit ein paar Wochen in der Wohnung über uns", sagte ich und war auf einmal nervös.

„Und das ist Moses, ich habe dir ja von ihm erzählt", sagte ich dann zu Ernestine und setzte mich wieder auf mein Bett.

Moses betrachtete Ernestine und ich sah, dass er lieber mit mir alleine gewesen wäre.

Ernestine schaute Moses an und ich überlegte, wie sie ihn wohl fand. Unsicher sah ich zu Moses hinüber. Es kam mir so vor, als wäre er während der Ferien noch dicker geworden. Sein Gesicht war kugelrund, aber wenigstens ein bisschen gebräunt, obwohl er per SMS immerzu über das schlechte Wetter geklagt hatte.

Nachdenklich schaute er zu meinem Mammutbaum und der kleinen Paradiesvogelblume auf meinem Fensterbrett.

„Die Paradiesvogelblume kränkelt ein bisschen", sagte ich, um etwas zu sagen.

„Das sehe ich", antwortete Moses, mehr nicht. Was war denn los mit ihm? Warum war er plötzlich so wortkarg?

„Wie geht es deinem Vater? Was ist mit seiner irischen Freundin?"

„Ist nix draus geworden. Marilyn hatte da noch einen David und einen Mike und einen Quentin und einen John. Das hat meinem Vater kurzfristig das Herz gebrochen. Er hat tagelang Trübsal geblasen und literweise Whisky getrunken ..."

Moses zuckte mit den Achseln. „Jetzt setzt er seine Erfahrung mit Marilyn künstlerisch um und schreibt ein paar Tausend Gedichte über sie."

Wieder wurde es still in meinem Zimmer.

„Was hast du denn überhaupt für komische Sachen an?", fragte ich schließlich und wusste, kaum dass die Frage heraus war, dass sie nicht nett klang und falsch war. Aber es war mir auf einmal peinlich vor Ernestine, dass Moses so merkwürdig aussah. Wie ein dickes, sommersprossiges, merkwürdig bekleidetes Schaf mit Brille.

„Flohmarkt in Dublin ...", murmelte Moses und schaute mich gekränkt und nachdenklich an. Es war, als wäre plötzlich ein Abgrund oder eine unsichtbare Mauer zwischen uns. Zum ersten Mal, seit wir uns kannten.

„Und was hast du alles in deinem Che-Guevara-Rucksack?"

Ich versuchte vage, die Mauer einzureißen. Was war nur los zwischen Moses und mir?

Vor den Ferien war doch noch alles in Ordnung gewesen. Warum freute ich mich gar nicht, ihn jetzt wiederzusehen? Warum wünschte ich ihn auf einmal weit weg?

„Ach so, ich habe ...", begann Moses und griff nach dem voll gestopften, abgewetzten Rucksack, aber in diesem Moment klingelte es an der Wohnungstür. Moses unterbrach sich, schaute fragend und wir hörten, wie Maria die Tür öffnete.

„Ist meine Schwester vielleicht bei euch?", fragte Fritz' Stimme im nächsten Moment und ich hielt die Luft an. Ich merkte, dass Moses es sah. Oder spürte oder was auch immer.

Gleich darauf kam Fritz in mein Zimmer, gefolgt von Maria.

„Hier steckst du also schon wieder", sagte Fritz und schaute zwischen Ernestine und mir hin und her. Zum ersten Mal sah er mich an. „Bei der Mammutbaum-Nachbarin hast du mal wieder Wurzeln geschlagen."

Es klang nett und lustig und freundlich, wie er das sagte.

Und dann setzte er sich zu uns, einfach so.

Da stand Moses auf.

„Ich glaube, ich muss weiter, Serafina. Habe tausend Termine ...", murmelte er halb in meine Richtung. Dann griff er nach seinem Rucksack und kippte ihn auf meinem Bett aus.

Ein paar große, unförmige Steine, ein merkwürdiges, verdrehtes Stück Wurzel, das aussah, als habe es jahrhundertelang im Wasser gelegen, eine Kette mit bunten Glitzersteinen, eine Spieluhrdose aus Blech und noch eine Menge anderer Dinge purzelten auf meine Bettdecke.

„Geschenke für dich, Serafina", sagte Moses. „Aus Irland. Ist aber alles nur Plunder, eigentlich. Kannst du auch wegschmeißen ..."

Und damit ging er.

„Was war denn das für ein kauziges, bebrilltes Subjekt?", erkundigte sich Fritz und grinste mir zu.

„Das war ...", fing ich verlegen an, aber dann sagte ich nichts mehr, weil ich nicht wusste, was ich sagen sollte. Fritz' Blick machte, dass ich Herzklopfen bekam.

Ein paar Minuten später piepste mein Handy. Es war eine SMS von Moses: *Dein Vater sitzt übrigens vor eurem Haus und starrt trübe Löcher in die Luft. Er sieht alles andere als vergnügt aus! Dachte, es interessiert dich vielleicht. Moses.*

Und dann kam noch eine SMS: *Du warst ganz verändert heute. Du hast dich nicht gefreut, mich zu sehen, Serafina. Serafina. Serafina.*

Warum er meinen Namen dreimal geschrieben hatte, wusste ich nicht. Oder ich wollte es nicht wissen.

Und auch meinen Vater schob ich aus meinen Gedanken. Schließlich hatte er Mist gebaut. Ich hatte jetzt keine Zeit, ihm zu helfen.

Und dann spielte ich mit Ernestine und Fritz *Die Siedler von Catan.*

Und fühlte mich nicht ganz wirklich.

Fritz baute die längste Handelsstraße von uns allen und einmal berührten sich unsere Finger, als wir beide gleichzeitig nach dem Würfel griffen.

Ich schaute auf meine Finger und mir war für einen Moment schwindelig vor Sehnsucht nach Ernestines Bruder.

Ich wollte ihm ganz nah sein.

Ich stellte mir vor, seine Haut zu berühren und mit meinen Fingerspitzen, die eben seine berührt hatten, über sein Gesicht zu streichen.

Ich wollte ihn ganz vorsichtig küssen und seine Haare anfassen.

Aber das war natürlich alles dummes Zeug. Ich war dick und unansehnlich und darum musste ich mich zusammenreißen.

„He, du bist dran, Serafina", sagte Ernestine irgendwann und drückte mir die Würfel in die Hand.

Ich nickte und würfelte eilig.

Bald darauf kam mein Vater.

„Wo ist denn Mama?", fragte er, nachdem er einmal quer durch die ganze Wohnung gelaufen war.

Tatsächlich, das hatte ich ja ganz vergessen.

„Sie ist zu Matilda nach Berlin gefahren", sagte ich und schaute ihn an.

„Oh, so ist das ...", sagte mein Vater verwirrt und erschrocken und fuhr sich durch die Haare. „Tja, da kann man wohl nichts machen. – Wie ist es, habt ihr Hunger? Soll ich Pizza holen?" Wir nickten und mein Vater bestellte eine Riesenmenge Pizza.

Während wir aßen, klingelte zweimal sein Handy.

Beim ersten Mal war es meine Mutter, das hörte ich an dem, was mein Vater sagte.

„Amanda, komm doch nach Hause, um Gottes willen. Es tut mir leid, was passiert ist."

Beim zweiten Mal war es anscheinend die Frau aus Genua, die Angeletta hieß – wie die Kuh meiner kranken Großmutter in Italien. Auch das hörte ich an dem, was mein Vater sagte.

„Ruf mich nicht mehr an, bitte", sagte er leise. „Ich habe dir doch erklärt, dass wir uns nicht sehen können." Diesmal hatte er italienisch gesprochen. Ich verstand es trotzdem.

Ich teilte mir eine vegetarische Pizza mit Ernestine. Und Fritz saß mir gegenüber, auf dem Platz meiner Mutter, und einmal schaute er mir direkt in die Augen, als ich ihn ansah.

Warum war ich bloß in diesem Körper gefangen?

Ich war ein dickes Trampel. Ein Mops. Ein Fleischberg. Eine Fettsau. Ich war Serafina, das Tittenwunder. Das fette Monster ...
Schnell schaute ich zur Seite. Mein Herz schlug mir im ganzen Körper und mir war gleichzeitig heiß und kalt.

Ich würde so lange auf Diät leben, bis ich wenigstens fünfundfünfzig Kilo wog, das schwor ich mir innerlich.

Das waren noch acht Kilo. Das war zu schaffen. Schließlich hatte ich es in zwei Wochen geschafft, drei Kilo abzunehmen.

Vorsichtig hob ich den Kopf wieder, aber Fritz schaute mich natürlich längst nicht mehr an.

Er und Ernestine und Maria lachten und redeten.

Mein Vater und ich waren still und nachdenklich und in Gedanken weit weg, alle beide.

6

Fleisch ist ungesund und macht dick, schrieb ich in mein Tagebuch. Ernestine hatte das gesagt. Ich beschloss, in Zukunft ebenfalls kein Fleisch mehr zu essen.

Meine Mutter war immer noch in Berlin.

„Geht es euch gut?", fragte sie am Telefon. Sie klang nicht mehr so traurig wie an dem Morgen nach der lauten Nacht, als sie ihre Stirn gegen die Fensterscheibe in der Küche gelehnt hatte. Aber vergnügt klang sie auch nicht.

„Ja", sagte ich.

„Was macht Moses? Ist er schon aus Irland zurück?"

„Ja", sagte ich wieder.

„Und? Was unternehmt ihr so?" Hinter meiner Mutter in Berlin schrien und lärmten meine beiden kleinen Zwillingscousins.

„Eigentlich nicht viel." Ich dachte an die Sachen, die Moses mir aus Irland mitgebracht und dann auf meinem Bett ausgeschüttet hatte, ehe er gegangen war. Seitdem hatte ich ihn nicht wiedergesehen, aber er schrieb mir jeden Tag mehrere SMS.

„Versorgt Papa euch gut?", erkundigte sich meine Mutter in diese Gedanken hinein.

„Ja", sagte ich zum dritten Mal.

„Kocht er denn auch manchmal oder geht ihr immer nur essen?"

„Mal so und mal so", meinte ich vage.

Für einen Moment war es still in der Leitung.

„Telefoniert er manchmal – nach Italien?", fragte meine Mutter dann leise.

„Nein", sagte ich schnell. „Soweit ich weiß, nicht."

Viel mehr redeten wir nicht.

„Hat Mama euch angerufen?", fragte mein Vater jeden Abend, wenn er aus der Firma kam. Maria nickte und ich nickte.

„Mich ruft sie nicht an", murmelte mein Vater dann nervös. Nervös und betrübt und ratlos.

Warum meldest du dich nicht?, schrieb mir Moses an mein Handy.

Was ist los???, schrieb er.

Du magerst ab und hast den blöden Kerl, der dich Mammutbaum-Nachbarin genannt hat, die ganze Zeit wie hypnotisiert angestarrt, schrieb er.

Der Mammutbaum gehört übrigens eigentlich mir! Vergiss das nicht, MAMMUTBAUM-NACHBARIN!, schrieb er.

Ich glaube, ich hasse dich, Serafina!, schrieb er.

Nein, das war Quatsch. Ich hasse dich nicht!, schrieb er.

Ich schrieb keine einzige Antwort. Aber ich nahm ab. Jeden Tag ein bisschen.

„Wollen wir schwimmen gehen?", fragte Ernestine in der letzten Sommerferienwoche.

Heute Abend würde meine Mutter aus Berlin zurückkommen.

„Ich weiß nicht", sagte ich zögernd. Ich dachte an die Frankreichwochen zurück und an meinen türkisfarbenen Bikini, der mir zu eng war.

„Ich müsste mir vorher nur noch einen neuen Bikini kaufen", sagte Ernestine. „Willst du mitkommen und mir beim Aussuchen helfen?"

Wir gingen zusammen in die Stadt und Ernestine probierte einen Bikini nach dem anderen an.

„Du kannst ruhig mit mir in die Kabine kommen", sagte sie zu mir, steckte ihren Kopf durch den Kabinenvorhang und lächelte mir zu. Ohne sich vor mir zu genieren, zog sie sich um. Ich schaute verstohlen auf ihren schönen, spitzen Busen. So schön würde ich nie aussehen, da war ich mir sicher. Ernestine hatte auch eine sehr schmale Taille und einen ganz festen, flachen Bauch.

„Den nehme ich", sagte sie schließlich und schaute sich im Spiegel an. Sie trug einen knappen schwarzen Bikini.

„Was meinst du? Gefällt er dir?"

Ich nickte. Und dann überredete mich Ernestine, auch einen neuen Bikini zu kaufen.

„Los, ich berate dich", sagte sie und zog sich schnell an. Dann ging sie nach draußen und drehte den Kleiderständer, an dem die Bikinis hingen. Ich blieb nervös in der engen Kabine.

„Größe 38?", rief Ernestine. Sie selbst hatte Größe 34.

Größe 38 war auch mein zu kleiner türkisfarbener Bikini vom letzten Jahr. Aber ehe ich widersprechen konnte, hatte Ernestine drei Bikinis ausgesucht und kam zurück in die Kabine.

„Los, ausziehen", kommandierte sie und schaute mich an.

Ich holte tief Luft und war mir sicher, dass ich es nicht schaffen würde, mich vor Ernestine auszuziehen. Aber dann schaffte ich es doch. Mit zitternden Fingern nahm ich den Bikini, den Ernestine mir hinhielt, und probierte ihn an.

„He, der passt doch gut", sagte Ernestine und lächelte mich im Spiegel an. Ich stand stumm da und betrachtete mich vorsichtig. Ich schaute mir in die Augen und schließlich fuhr ich mir mit den Händen über die weiche Haut an meinem Bauch. Ein Gefühl von Ruhe breitete sich in mir aus.

Ich sah nicht mehr schrecklich aus, ich war kein Monster mehr, kein Mops und keine Fettsau. Wenn ich ganz gerade dastand, war ich nicht mehr besonders dick. Natürlich war ich noch lange nicht so dünn wie Ernestine, aber der Wulst um meinen Bauch war verschwunden und ich hatte ein bisschen Taille, den Ansatz einer Taille.

Ich konnte es schaffen. Ich konnte richtig dünn werden. Ich hatte wieder Hoffnung, es war wie ein Silberstreif am Horizont.

Ich atmete ganz tief und freute mich.

„Du hast richtig schöne helle Haare und ein schönes Gesicht", sagte Ernestine und hielt mir den zweiten Bikini hin. „Willst du den auch noch probieren oder nimmst du den, den du gerade anhast? Ich finde, er passt so gut zu deinen grünen Augen."

Ich nahm den grünen Bikini und fühlte mich wie eine Königin.

In diesem Moment kam eine SMS von Moses: *Stehe mit Bruno vor deinem Haus, aber du bist nicht da. Schade. Wäre gerne mit dir und dem Pudel in den Wald gegangen. Ich denke immerzu an dich ...*

Ungeduldig löschte ich die SMS und am Nachmittag fuhr ich mit Ernestine ins Schwimmbad.

Wir tobten im Wasser herum, bis ich völlig außer Atem war. Ab und zu schaute ich mich nervös um. War ich dicker als die anderen Mädchen?

Ernestine war schön schmal und es gab eine Menge Mädchen, die ähnlich schmal waren wie sie. Aber es gab inzwischen auch schon eine Menge Mädchen, die kräftiger waren als ich.

64

Irgendwann breiteten wir unsere Badetücher in der Sonne aus. Ich legte mich vorsichtshalber auf den Bauch und stützte mein Kinn in die Hände. Die Sonne schien mir warm auf den Rücken und der Himmel war blau.

„Wollen wir uns Pommes holen?", fragte Ernestine. „Ich sterbe vor Hunger ..."

Ich auch, dachte ich. Aber ich sagte es nicht. Stattdessen schüttelte ich den Kopf. „Ich hab keinen Hunger", murmelte ich.

„Glaube ich nicht", sagte Ernestine und sprang auf.

„Ist aber so", sagte ich.

Ernestine schaute mich an. „Du hast echt einen eisernen Willen", sagte sie und dann ging sie alleine zum Kiosk und holte sich ein großes Schälchen Pommes frites.

„Du kannst auch bei mir mitessen, wenn dir eine ganze Portion zu viel ist", bot sie mir an, als sie wiederkam.

Aber ich rührte mich nicht. Ich lag einfach nur da und hatte die Augen geschlossen und verdrängte den nagenden Hunger in meinem Bauch.

Die Luft um mich herum roch nach Pommes frites.

Abends kam meine Mutter zurück.

„Du hast ja richtig abgenommen, Serafina!", war das Erste, was sie zu mir sagte, als sie zur Tür hereinkam. Sie musterte mich erstaunt von Kopf bis Fuß. „Ich habe in Berlin auch eine Diät angefangen, stell dir vor."

Ich nickte und schaute meine Mutter an. Sie hatte zwar noch nicht sichtbar abgenommen, aber sie sah entschlossen und wieder viel vergnügter aus als vor zwei Wochen.

„Ich habe außerdem viel nachgedacht über mich und mein Leben", fuhr meine Mutter fort und schob eine Jazz-CD, die sie sich in Berlin gekauft hatte, in die Musikanlage. Wir saßen zusammen im Wohnzimmer auf unserem bunten Sofa. Maria und mein Vater waren noch unterwegs und es war schön, eine Weile alleine mit meiner Mutter zu sein.

„Ich habe mich in den letzten Jahren viel zu wenig um mich selbst gekümmert", sagte meine Mutter und verschränkte die Arme vor der Brust. „Immer nur der Unterricht an der Berufsschule und anschließend die Buchhaltung für die Firma, davon wird man zwangsläufig schwerfällig und träge wie ein Rhinozeros. Dabei war ich früher doch mal ganz anders." Wir schauten uns an, und meine Mutter lächelte.

„Stell dir vor, ich habe beschlossen, wieder eine Sprache zu lernen, Fina", fuhr meine Mutter fort. „Ich werde Japanisch lernen. Japan hat mich schon immer fasziniert. Vielleicht können wir dann in ein, zwei Jahren mal hinreisen, alle zusammen."

„Heißt das, dass du dich mit Papa wieder versöhnst?"

Meine Mutter schaute einen Augenblick still vor sich hin, aber dann nickte sie und ich atmete auf.

Moses' Eltern waren getrennt. Ernestines Eltern waren getrennt. Matilda hatte sich von dem Vater ihrer Zwillinge getrennt. Es war schön, wenn meine Eltern es noch einmal miteinander probierten.

Und das taten sie. Sie gingen wieder ab und zu zusammen ins Theater und hinterher italienisch essen. Und sie führten einen italienischen Abend pro Woche ein, an dem nur italienisch gesprochen werden durfte. Außerdem hörte mein Vater meiner Mutter beim Japanischlernen zu und freute sich mit ihr, wenn sie sich freute, weil ihre Diät anschlug.

Von der Frau aus Genua sprachen wir nicht.

Und ich nahm ebenfalls weiter ab.

„Meine drei Grazien", sagte mein Vater auf Italienisch.

Und zu mir: Mia bambola d'oro – mein goldenes Püppchen. Die Schule fing wieder an und ich wog zweiundsechzig Kilo.

Morgens gab es bei uns keine Margarine mehr.

„Butter ist gesünder", sagte meine Mutter.

Und meine deutsche Oma sagte, als sie uns besuchte: „Iss morgens wie ein Kaiser, mittags wie ein König und abends wie ein Bettelmann."

Auch dass ich jetzt, wie Ernestine, Vegetarierin war, akzeptierten meine Eltern.

Ernestine ging leider in eine andere Schule als ich, weil sie in der fünften Klasse statt mit Englisch mit Latein angefangen hatte. Sie und Fritz fuhren jeden Morgen mit dem Fahrrad in ein Gymnasium im Nachbarstadtteil.

Ich ging in die Gesamtschule unseres Viertels.

„Fahr doch auch mit dem Rad", schlug Ernestine mir vor. „Damit sparst du das Geld für den Bus. Und es hält fit ..." Mich hielt es nicht fit, mich sollte es fit *machen*. Fahrradfahren verbrauchte, wie jeder andere Sport auch, Kalorien, das hatte ich gelesen.

Ernestine lieh mir ihr altes Mountainbike, weil sie jetzt Fritz' Rad nahm, der sich ein neues Fahrrad gekauft hatte.

Bisher waren Moses und ich immer zusammen mit dem Bus gefahren, ich war drei Stationen vor ihm eingestiegen und er war am Bahnhof dazugestiegen.

Nervös radelte ich am ersten Schultag die Hauptstraße entlang. Zum Glück gab es hier einen extra abgeteilten Radweg. Es ging bergauf, ein bisschen nur, aber ich merkte, wie ich außer Atem kam und ins Schwitzen geriet. Es war Ende August und schon der Morgen war warm, ein warmer Wind, wie ein Föhn, wehte über den Straßenverkehr hinweg.

Da stand Moses und schaute nach dem Bus und nach mir.

Ich trat in die Pedale und dachte an die vielen SMS, die er mir geschickt und die ich nicht beantwortet hatte.

Moses trug ein weites weißes T-Shirt und darüber wieder die bunte Samtweste, die er auch neulich angehabt hatte. Seine Beine steckten in einer schwarzen Pluderhose, wie sie Kameltreiber in der Wüste vielleicht trugen. Und an den Füßen hatte er zwei verschiedenfarbige Turnschuhe, einen blauen und einen gelben. Er sah dick und verrückt und nachdenklich aus. Von seiner linken Schulter baumelte sein Che-Guevara-Rucksack.

Ich bremste neben ihm. Moses schaute mich perplex an.

„Oh, auf dem Fahrrad", sagte er dann und zog die Augenbrauen hoch. „Noch eine Neuigkeit. Signorina Serafina magert nicht nur ab und starrt paralysiert arrogante Sportskanonen an, nein, jetzt lässt sie auch noch gute, alte Gewohnheiten sausen ..." In dem Moment kam der Bus, in dem ich sonst immer gesessen hatte.

„Na dann, man sieht sich, denke ich", sagte Moses und stieg in den Bus. Er warf mir einen merkwürdigen, letzten Blick zu, als die Türen sich hinter ihm schlossen.

Während ich weiter zur Schule fuhr, rechnete ich jeden Augenblick damit, dass mein Handy piepsen und mir eine wütende Nachricht von Moses übermitteln würde. Aber nichts passierte. Da war ich mir sicher, dass ich mein Handy zu Hause vergessen haben musste. Doch so war es nicht. Als ich in der Schule ankam, durchsuchte ich meine Schultasche und fand das kleine Telefon sofort. Das Display war leer. Moses hatte mir nicht geschrieben.

Und er tat es auch nicht mehr.

Am Nachmittag ging ich zum Saxofonunterricht. Würde Moses noch böse auf mich sein? Und was sollte ich zu ihm sagen?

In der Schule war alles wie immer gewesen. Keiner schien zur Kenntnis genommen zu haben, dass ich abgenommen hatte, dass ich langsam aufhörte, ein dickes Monster zu sein.

Aber es hatte mich auch niemand geärgert. Sogar alleine saß ich nicht mehr. Unser neuer Klassenlehrer, Herr Rudolph, hatte Cornelius, das Rechengenie, neben mich gesetzt. Und Cornelius war es im Grunde egal, wo er saß, Hauptsache, man ließ ihn in Ruhe und er konnte ungestört dem Unterricht folgen ...

Noch bevor ich bei meinem Saxofonlehrer geklingelt hatte, ging schon die Tür auf.

„Von jetzt an sind wir beide wohl auf uns alleine gestellt", sagte Knut, der offensichtlich auf mich gewartet hatte.

Ich schaute ihn verwirrt an.

„Tja, Moses hat vorhin telefonisch gekündigt, einfach so."

Ich konnte es kaum glauben.

Aber zugleich war ich ein bisschen erleichtert, tief in mir drin. Warum auch immer. Vielleicht, weil Moses zu meiner alten Welt gehörte. Ernestine und Fritz gehörten zu meiner neuen Welt.

Am darauf folgenden Wochenende sah ich, dass die Paradiesvogelblume eingegangen war.

Ich hatte wohl vergessen, sie zu gießen. Den Mammutbaum goss ich aber, denn er gehörte zu meiner neuen Welt. Weil Fritz ihn mochte und mich *Mammutbaum-Nachbarin* nannte.

Also hatte ich es doch nicht wirklich vergessen, die kleine Paradiesvogelblume zu gießen, schließlich standen die beiden Töpfe dicht nebeneinander auf meinem Fensterbrett.

Ich schmiss die kleine, vertrocknete Blume in den Biomüll. Ich hatte schon wieder ein Kilo abgenommen.

7

Der Hunger kam zurück, und jetzt war er mir wieder feindlich gesonnen. Ich hatte Hunger, Hunger, Hunger, immerzu.

„Du hast ja schon wieder die Margarine auf den Tisch gestellt", sagte meine Mutter manchmal morgens beim Frühstück und brachte das Margarinepäckchen zurück in den Kühlschrank. Also nahm ich Butter, aber ich kratzte sie so dünn wie möglich auf mein Brot.

„Du darfst die Abnehmerei nicht übertreiben, Serafina", sagte meine Mutter und hielt mir auffordernd den Teller hin, auf dem der Käse lag. Schnell suchte ich mit den Augen nach der Scheibe, die am dünnsten aussah, und legte sie auf mein Brot.

Kakao trank ich schon seit Wochen nicht mehr. Stattdessen nahm ich Kräutertee. Kräutertee, der nur eine einzige Kalorie pro Tasse hatte. Es machte mich nervös, dass ich jetzt wieder Butter essen musste, und darum war es gut, dass ich danach immer mit dem Rad zur Schule fuhr. Ich genoss es, mich abzustrampeln, und wenn ich schwitzte, wusste ich, dass mein Körper Kalorien verbrannte und mir damit half, dünner und hübscher zu werden. Moses begegnete ich tagelang nicht, seit ich nicht mehr mit ihm Bus fuhr. Und auch in der großen Pause auf dem Schulhof sah ich ihn nirgends.

Ganz allmählich wurden die Tage ein bisschen kühler. Wenn ich die Wohnung verließ, um zur Schule oder zum Saxofonunterricht zu fahren, achtete ich immer sorgfältig darauf, dass ich Fritz nicht begegnete.

Ich wollte ihn erst wieder sehen, wenn ich mich nicht mehr für mein Äußeres schämen musste.

Am ersten September wog ich zum ersten Mal unter sechzig Kilo. Die roten Zahlen der Waage tanzten triumphierend vor meinen Augen. 59,6 stand da. Ich konnte es kaum glauben. Ich hatte über sechs Kilo abgenommen.

Als ich an diesem Mittag nach Hause kam, hatte ich fürchterlichen Hunger. Wir hatten Sport gehabt und Konditionstraining gemacht.

„Sehr gut, Serafina!", hatte Frau Mack gerufen, weil ich länger durchhielt als eine Menge von den anderen Mädchen. Hinterher, in der Umkleide, packten die anderen dann Sandwiches, Brötchen und Schokoriegel aus. Kira hatte außerdem eine Flasche Cola dabei und Luzie eine Thermoskanne mit süßem Tee.

„Das war ja eine blödsinnige Schinderei heute", sagte Kira ärgerlich und trank einen großen Schluck Cola.

Wann hatte ich eigentlich zum letzten Mal Cola getrunken? Irgendwann in Frankreich musste das gewesen sein. Am Anfang der Ferien, vor meinem Entschluss abzunehmen.

Eine Cola enthielt 90 Kalorien. Der reinste Zucker – ein ekliger Gedanke.

„Willst du auch einen Schluck, Fina?", fragte Kira in diesem Moment. Anscheinend hatte sie gemerkt, dass ich sie die ganze Zeit wie hypnotisiert anstarrte.

Ich schüttelte schnell den Kopf und trank stattdessen lieber so lange Leitungswasser auf der Mädchentoilette, bis mein Durst gelöscht war. Auch mein knurrender Magen ließ sich von dem kalten Schwall Wasser beruhigen. Mein eigenes Schulbrot, das meine Mutter mir geschmiert hatte, hatte ich in der ersten Pause in den Mülleimer geschmissen.

In meinem Bauch gluckerte es eisig, als ich auf mein Rad stieg und nach Hause fuhr.

Schon im Treppenhaus roch ich, dass meine Mutter heute ausgerechnet Lasagne gemacht hatte. Lasagne war mein Lieblingsessen, schon immer. In Italien hatte meine Nonna sie jede Woche für mich gekocht. Mit heißer, sahniger Tomatensauce und überbackenem Käse und italienischen Gewürzen. Das Wasser lief mir im Mund zusammen.

„Hallo Mama", sagte ich und hatte Herzklopfen, als ich in die Wohnung kam. Auf einmal war mir fast schwindelig vor Hunger.

„Fina, ich hatte heute Morgen ganze drei Kilo weniger!", rief meine Mutter und winkte mir aus der Küche.

Im Wohnzimmer lief laute, italienische Musik. „Das muss gefeiert werden, findest du nicht?"

Ich verzog widerwillig das Gesicht. „Sollte man so etwas nicht lieber mit einem leckeren, kalorienarmen Salat feiern als mit Nudeln, die in Sahne und Fett und Käse herumschwimmen?", sagte ich und hatte auf einmal schlechte Laune.

„He, du liebst doch Lasagne, Serafina", sagte meine Mutter und verteilte die Teller auf dem Esstisch.

Ich schwieg.

Ja, ich liebte Lasagne. Und ich hatte Hunger. Aber ich war immer noch viel zu dick, viel zu schwerfällig. Ich musste mich zusammenreißen. Schließlich hatte ich es mir geschworen.

„Aber es gibt auch Salat, keine Sorge", fuhr meine Mutter fort und trug mit triumphierender Miene die Salatschüssel zum Tisch. „Nimmst du halt nur eine kleine Portion überbackene Nudeln und dafür eine große Portion Salat ..."

Ich stand nervös da. Der Essensgeruch machte, dass ich mich ganz schwach fühlte. Sehr, sehr langsam ging ich auf den Tisch zu.

Ich würde nur Salat nehmen, so würde ich es machen.

„Komm, wir fangen schon an. Maria trödelt mal wieder, und Papa kommt erst später. Er hat eben von seinem Handy aus angerufen, er steckt irgendwo im Stau fest."

Plötzlich wusste ich, dass es so nicht funktionieren würde. Saß ich erst am Tisch, hatte ich mir erst eine Portion Salat genommen, würde ich es nicht mehr schaffen, auf die Lasagne zu verzichten. Mein Bauch tat mir auf einmal richtig weh vor Hunger.

Ich würde Lasagne essen, wenn ich mich hinsetzte, da war ich mir sicher.

„Danke, aber ich habe auf dem Heimweg mit Kira und Luzie einen Gemüseburger gegessen und bin völlig satt", sagte ich schnell. „Wir hatten doch in den letzten beiden Stunden Sport und danach schrecklichen Hunger ..."

Meine Mutter schaute mich zweifelnd an und ich floh schnell in mein Zimmer. Erschöpft setzte ich mich auf mein Bett, ich fühlte mich ganz zittrig vor Hunger. Ein paar Minuten später kam Maria nach Hause und ich lauschte auf ihre vergnügte Stimme. Gleich darauf klapperte Geschirr. Plötzlich hasste ich Maria. Warum konnte sie Lasagne und Bratkartoffeln und Schnitzel und Pommes und Hamburger und Nutellabrötchen und Kuchen und Schokolade und Kakao in sich hineinstopfen und blieb dabei dünn? Und warum war ich, obwohl ich mich seit Wochen zwang, kaum etwas zu essen, immer noch dicker als sie?

Dann kam mein Vater und er lachte im Wohnzimmer. Und meine Mutter lachte ebenfalls. Und dann Maria. Wieder klapperte Geschirr. Wütend stand ich auf und schlich mich in die Küche. Ich nahm eine Flasche Mineralwasser aus dem Kühlschrank und ging zurück in mein Zimmer.

Schluck für Schluck trank ich die Flasche leer. Mein Magen gluckerte wieder und ich fror ein bisschen. Aber ich fühlte mich voll. Der Hunger war verschwunden, wenigstens für den Moment.

Mittagessen: 1 l Mineralwasser, schrieb ich in mein Tagebuch. Minutenlang starrte ich auf diesen Eintrag. Er war gut, er war ein Erfolg. Ich hatte über mich gesiegt. Ich schaffte es immer besser, über mich und meinen Körper zu siegen.

Wenn ich erst mein Wunschgewicht erreicht hatte, würde ich wieder ein bisschen mehr essen. Dann konnte ich mir auch wieder ab und zu eine Portion Lasagne erlauben.

Aber jetzt noch nicht, jetzt war es dazu einfach noch zu früh. Ich kroch erschöpft in mein Bett und schlief fast auf der Stelle ein.

Ich wachte auf, weil es an meiner Tür klopfte.

„Telefon für dich, Fina", rief Maria und kam mit dem schnurlosen Telefon herein.

„Ernestine?", fragte ich meine Schwester, aber Maria schüttelte den Kopf. „Moses' Mutter ...", flüsterte sie und hielt mir das Telefon hin.

„Hallo?", sagte ich verwundert. Moses' Mutter hatte mich noch nie zuvor angerufen.

„Serafina?", fragte Frau Evangelista, die eilige Anwältin, die fast nie da gewesen war, wenn ich Moses besucht hatte.

„Ja?", sagte ich.

„Ich mache mir solche Sorgen um Moses", sprudelte Frau Evangelista los.

Ich bekam einen Schreck. War Moses etwas passiert?

„Moses schwänzt in der letzten Zeit immer wieder die Schule und er sitzt nur noch herum und er spielt kein Saxofon mehr und jetzt ist er zur Bank gegangen, um alle seine Aktien zu verkaufen ..."

Was sollte ich sagen? Was war los mit Moses?

„Serafina, warum trefft ihr beide euch denn gar nicht mehr? Hattet ihr Streit? Moses will mir nichts sagen."

Moses ...

Fritz ...

Der dicke, verrückte Moses.

Fritz, der mich *Mammutbaum-Nachbarin* nannte.

In meinem Kopf drehte sich alles.

„Nein, wir hatten keinen Streit, keinen richtigen Streit", hörte ich mich schließlich sagen und meine Stimme klang dünn. Ich musste an Moses' Geschenke aus Irland denken, die ich einfach, ohne sie näher anzuschauen, in meine unterste Kommodenschublade gestopft hatte.

„Ich habe – ich bin ..."

Ich suchte nach Worten, aber ich fand keine. Ich wollte Moses einfach nicht mehr. Die Serafina, die mit ihm Berliner und Frankfurter Würstchen und Spaghettieis gegessen und sich seine langweiligen Börsenberichte angehört hatte und mit ihm und seinem kleinen, uralten Pudel im Wald herumgelaufen war, die gab es einfach nicht mehr. Ich wollte nicht, dass Fritz glaubte, Moses sei ein Freund von mir. Ich wollte nicht mehr, dass mich die anderen mit dem dicklichen, schwerfälligen, sonderbaren Moses Evangelista in Verbindung brachten.

Da klingelte es an unserer Tür.

„Fina, es ist Moses!", rief Maria.

„Frau Evangelista, Moses ist gerade gekommen", sagte ich nervös. Und dann drückte ich schnell das Gespräch weg. In meinem Kopf drehte sich alles. Ich fühlte mich überrumpelt und überfordert.

Und dann stand Moses vor mir.

Nein, er war früher nicht wirklich dick gewesen. *Jetzt* war er wirklich dick. Er hatte schrecklich zugenommen. Und er schaute mich mit einem merkwürdigen, halb freundlichen und halb unfreundlichen Blick an.

„Hallo ...", sagte ich vorsichtig.

„Ich muss dich nur etwas fragen", sagte Moses und stampfte in mein Zimmer. Ich sprang vom Bett auf und dann standen wir uns stumm gegenüber.

„Willst du noch mit mir befreundet sein, Serafina? – Das ist es, was ich wissen muss ..."

Moses' Frage stand lauernd zwischen uns. Wenigstens kam es mir so vor.

Zuerst sagte ich nichts.

„Sag etwas, bitte", sagte Moses nach ein paar Sekunden.

„Ich ...", begann ich, aber dann schwieg ich wieder.

„Okay, ich verstehe", sagte Moses und seine grünen Augen hinter seiner schwarzen Nickelbrille musterten mich traurig. Oder feindselig. Oder wie auch immer. Und dann drehte er sich auf einmal um und nahm den kleinen Mammutbaum von seinem Platz am Fenster.

„Den hast du mir geschenkt", flüsterte ich leise.

„Ja, und jetzt hole ich ihn mir zurück", sagte Moses und ging.

Hinterher war es sehr still in meinem Zimmer. Draußen kroch die Dämmerung vor meinem Fenster herum. Ernestine war bei einem Mädchen aus ihrer neuen Schule. Ich fühlte mich alleine. Wo Fritz wohl gerade war? Zu Hause? Mein Magen knurrte laut. Es war Abendbrotzeit, aber meine Eltern waren zu Freunden gefahren und Maria schlief bei unserer deutschen Oma, mit der sie am Nachmittag in die Stadt gegangen war.

Darum aß ich nur einen Apfel und trank eine Kanne warmen Kräutertee, um meinen schmerzenden Bauch zu beruhigen.

Abendessen: 1 Apfel

Hinterher schaute ich Fernsehen, weil ich keine Lust hatte, etwas für die Schule zu tun, und weil ich mich zu nervös und zu fahrig fühlte, etwas anderes zu machen. Eine Weile hatte ich versucht zu lesen, aber ich war so unkonzentriert, dass ich mich dabei ertappte, wie ich immer wieder den gleichen Satz las.

Im Fernsehen mied ich die Privatsender, weil da immerzu Werbung kam. Und geworben wurde immerzu für Essen.

Bratensaucen. Semmelknödel. Nudelgerichte. Würstchen. Schnitzel. Joghurt. Pudding. Quark. Schokoriegel. Bonbons. Kartoffelpüree. Rahmspinat.

Ich wollte das nicht sehen.

Dafür sah ich dann eine Talkshow, in der eine Frau saß, die es geschafft hatte, in einem Jahr siebzig Kilo abzunehmen. Sie hatte tatsächlich mehr abgenommen, als ich jemals gewogen hatte. Und jetzt saß sie da und sah vergnügt und hübsch und schlank aus.

„Es war gar nicht so schlimm", sagte sie und lachte ein bisschen verlegen, als der Sender ein altes Foto von ihr einblendete. Darauf war ein fettes, hässliches Wesen zu sehen, das traurig in die Kamera schaute.

„Ich habe eigentlich nur meine Ernährung komplett umgestellt", sagte die dickdünne Frau. „Und dann habe ich streng darauf geachtet, nachmittags nach siebzehn Uhr nichts mehr zu essen ..."

Ich merkte mir diesen Tipp.

In der Nacht passierte es. Zuerst hatte ich etwas geträumt, etwas Schönes, und dann war ich aufgewacht. Sofort war der Traum weg gewesen. Warum war ich wach geworden?

Hunger.

Ich hatte Hunger.

Fürchterlichen, schrecklichen, nagenden Hunger.

Mein Bauch rumpelte schmerzhaft und ich fühlte mich ganz schwach.

Ich musste aufstehen. Ich musste aufstehen und in die Küche gehen. Ich musste den Kühlschrank öffnen und hineinsehen.

Es war tiefe, dunkle, stille Nacht. In der Wohnung war kein Ton zu hören. Nur ich, in der Küche. Nur meine Schritte und mein Atmen und das Knurren meines Magens und mein Herzschlag.

Meine Finger zitterten. Es war viel Lasagne übrig geblieben. Und da waren Schoko-Sahne-Puddingbecher. Und italienische Salami. Und Mortadella.

Ich schaltete meinen Kopf aus.

Hinterher im Bett weinte ich leise. Und ich schrieb nicht in mein Tagebuch, was passiert war, was ich getan hatte.

Am anderen Morgen traute ich mich nicht, mich zu wiegen.

„Ich habe keinen Hunger, ich habe Kopfschmerzen", sagte ich leise zu meiner Mutter und trank nur etwas Tee, in kleinen, langsamen, vorsichtigen Schlucken. Dann fuhr ich, wie jeden Morgen, mit dem Rad zur Schule.

Meine Beine zitterten und ich hatte das Gefühl, dass mein Bauch zum Platzen voll war. Trotzdem verspürte ich einen nagenden Hunger.

Wie war das möglich nach dieser Nacht? Nach dem, was ich getan hatte?

An der großen Kreuzung, an der ich die Hauptstraße verließ und in eine kleinere Seitenstraße einbog, war eine Apotheke.

Abnehmen mit Kohlsuppe!, stand dort auf einem großen, grünen Werbeplakat im Schaufenster.

Ich bremste ab. *Hunger weg! Fett weg!*, stand darunter. *Machen Sie sich das Leben leichter! Entscheidender Fortschritt im Kampf gegen Übergewicht! Kaufen Sie unsere Schlankkapseln und Sie werden ein neuer Mensch!*

Die Apotheke war noch geschlossen und ich radelte nachdenklich weiter.

Mittags kam meine deutsche Oma und machte Pfannkuchen.

„Ihr wisst doch, dass ich solche fettigen Sachen nicht
mehr esse", sagte ich gereizt und nahm nur eine kleine
Portion Apfelmus.

Nachmittags wollte ich mit Ernestine in die Stadt gehen,
aber Ernestine sagte mir telefonisch ab.

„Ich bin bei Lea aus meiner Klasse, wir üben für die La-
teinarbeit, die wir morgen schreiben", sagte sie entschuldigend. „Sei nicht böse, wir gehen einfach ein andermal in
die Stadt, ja?"

„Ja", sagte ich enttäuscht und legte das Telefon auf.

In meinem Zimmer an der Wand lehnte mein Saxofon.
Ich packte es aus und spielte leise, aber ich stolperte immer
wieder über die gleiche Stelle. Das Lied war traurig, ein
jüdisches Klezmerstück. Ich war plötzlich auch traurig.
Mein Fensterbrett war leer. Sowohl die kleine Paradiesvogelblume als auch der lustige, krumme Mammutbaum waren weg. Ich musste, obwohl ich es nicht wollte, an Moses'
„Wir-fahren-nach-Italien-Marke" denken.

Das war also auch vorbei. Nie würden Moses und ich
meine kranke, stumme Großmutter in Rom besuchen.

Da klingelte mein Handy.

„Serafina, kannst du kommen?", fragte Moses' Stimme
stockend. „Es ist wegen Bruno, er ist plötzlich krank. Ich
glaube, er stirbt, verdammt nochmal ..."

Bruno – Moses' kleiner, verrückter, uralter Hund.

„Ja", hörte ich mich sagen. „Ja klar, ich komme."

„Danke", sagte Moses.

Aber dann kam es anders. Ich hatte mir gerade meine
Jacke angezogen und die Wohnungstür hinter mir zugezo-
gen und plötzlich stand ich vor Fritz.

„Hallo Serafina", sagte er. Zum ersten Mal sagte er meinen Namen, so als wüsste er, dass der Mammutbaum nicht mehr da war. Und er schaute mir direkt in die Augen.

„Hallo ...", sagte ich leise und bekam Herzklopfen. Ich wollte doch nicht, dass Fritz mich sah. Dafür war ich noch nicht dünn genug.

„Wo gehst du hin?", fragte Fritz, der von meinen Gedanken nichts ahnte. Seine Augen waren hellbraun wie Honig oder wie Bernstein und standen ungewöhnlich weit auseinander. Außerdem fiel mir auf, dass er auch Sommersprossen im Gesicht hatte. Aber nicht tausende wie Moses, sondern nur ein paar auf der Nase und unter den Augen. Schön sah das aus.

„Ich ...", sagte ich zögernd. Ich konnte unmöglich Moses erwähnen. Und noch viel weniger Moses' altersschwachen, bissigen Pudel.

„Hättest du ein bisschen Zeit?", fragte Fritz.

Ich nickte überrumpelt.

Und dann ging ich mit Ernestines schönem großen, dünnen Bruder aus dem Haus und einfach so durch die Straßen bis in den kleinen Stadtpark am Ende unseres Viertels, während Bruno starb und Moses auf mich wartete.

An diesem Abend gewitterte es wie verrückt, aber ich war glücklich, weil Fritz mich beachtet hatte, und dachte nicht an Moses und Bruno. Erst am nächsten Tag sprach mir Moses' Mutter auf den Anrufbeantworter, was passiert war und dass Moses völlig verzweifelt sei.

„Aber der Hund war doch schon uralt. Moses musste doch damit rechnen, dass er eines Tages stirbt", sagte meine Mutter verwundert.

Irgendwie wusste ich, dass es anders war, dass Moses nicht nur wegen Bruno verzweifelt war. Auch für ihn war seine alte Welt verschwunden, aber er hatte keine neue, so wie ich. Ich verdrängte diese Gedanken schnell.

8

Es passierte viel in den nächsten Tagen.

Meine Mutter freundete sich mit ihrer Japanischlehrerin an und plante für den Winter eine zweiwöchige Reise nach Tokyo.

Das Abnehmen vergaß sie dabei wieder, was mich nicht verwunderte, meine Mutter machte sich eben nicht viel aus Äußerlichkeiten.

Mein Vater bekam den größten Bauauftrag, den unsere kleine Firma je übernommen hatte. Er sollte am Umbau des alten Rathauses in der Altstadt mitarbeiten und uralte Steinornamente restaurieren.

Ernestine war viel mit ihrer anderen, neuen Freundin Lea zusammen und Maria übernahm eine Pferdepatenschaft an ihrem Reiterhof und war fast nicht mehr zu Hause.

Und was tat ich?

Ich blieb übrig.

Und dann hörte ich auf, Saxofon zu spielen. Einfach so von einem Tag auf den anderen. Ich war einfach zu unkonzentriert und nervös in der letzten Zeit. Knut war oft ärgerlich deswegen gewesen. „Warum übst du nicht mehr? Warum spielst du so schlecht? Was ist los mit dir, Serafina?", hatte er mit hochgezogenen Augenbrauen gefragt und mich unzufrieden angeschaut.

Da ließ ich es eben sein. Ohne Moses war es sowieso nicht mehr so schön gewesen.

„Schade", sagte meine Mutter.

Ich zuckte mit den Achseln.

Auch mit der Schule hatte ich plötzlich Probleme. In Englisch, in Französisch und in Mathe, überall wurde ich schlechter. Ich fühlte mich immerzu müde und abgespannt.

Draußen wurde es Herbst und ich fror morgens beim Radfahren. Aber ich hatte wieder abgenommen.

56,7 Kilo zeigte mir die Waage im Schlafzimmer meiner Eltern.

Jetzt hatte ich es bald geschafft. Meine bestickte Jeans passte mir nicht mehr. Sie war zu weit. Zusammen mit Ernestine ging ich in die Stadt und kaufte mir eine neue Hose.

Die Verkäuferin im Jeans-Shop musterte mich prüfend.

„Größe achtundzwanzig?", fragte sie abschätzend und zeigte auf ein Regal an der Wand.

Mir wurde fast schwindelig vor Freude. Früher hatte ich Größe dreißig getragen. Ein paarmal sogar einunddreißig.

Mit klopfendem Herz probierte ich eine Jeans Größe achtundzwanzig an. Sie passte problemlos.

„Sieht toll aus", sagte Ernestine, die mit mir in die Kabine gekommen war. Ich atmete auf und hätte die ganze Welt umarmen können.

Zu Hause wählte ich die lange Telefonnummer meiner Nonna in ihrem Pflegeheim in Rom. Es war nicht leicht für mich, der italienischen Pflegerin am Telefon klarzumachen, was ich wollte. Ständig fehlten mir Worte. Ich stotterte ziemlich, aber schließlich hatte ich es geschafft. Eine Schwester hielt meiner Nonna den Telefonhörer ans Ohr.

„Nonna, hier ist Fina!", rief ich auf Italienisch. „Ich wollte dir nur sagen, dass ich dich sehr lieb habe ..."

Ich hörte meine italienische Oma atmen und hoffte, dass sie mich gehört und meine Worte verstanden hatte.

„Fertig?", fragte die Schwester am anderen Ende der Leitung plötzlich.

„Ja", antwortete ich. „Danke." Und legte den Hörer auf.

An diesem Abend kam Matilda. Zusammen mit ihren kleinen Zwillingen.

„Himmel, du bist ja kaum noch wiederzuerkennen", sagte sie, als sie mich sah, und stellte ihre Reisetasche ab.

Beim Abendessen schaute sie mich dauernd an. Es gab Ciabatta mit Tomaten und Mozzarella und ich hatte mir das kleinste Stück Brot aus dem Brotkorb genommen und zwei dünne Stücke Tomaten. Den Käse rührte ich nicht an.

„Was ist denn los mit dir, Serafina?", fragte Matilda plötzlich.

„Wieso?", fragte ich und schob einen kleinen Bissen in den Mund. Mein Magen knurrte laut und ich hoffte, dass niemand es hören würde. Wenn man ganz langsam aß und lange kaute, wurde man schneller satt.

„Warum nimmst du denn keinen Käse? Und warum knabberst du eine halbe Ewigkeit lang an diesem einen Stück Ciabatta herum?", fuhr Matilda fort. Ihre lauten Zwillinge saßen links und rechts von ihr und stopften die ganze Zeit Mozzarellastückchen in sich hinein.

„Ich habe vorhin schon was bei Ernestine gegessen", sagte ich ärgerlich und glaubte fast schon selbst daran. Ernestine war oft meine Ausrede in der letzten Zeit.

„Ernestine ist ihre Freundin", sagte meine Mutter. „Sie wohnt über uns und die beiden stecken dauernd zusammen."

Ich nickte und biss einen neuen, winzigen Happen von meinem Stück Brot ab.

„Ich weiß nicht", sagte Matilda und schaute meine Eltern an. „Bei uns in Berlin wohnt ein Mädchen im Haus, das auch plötzlich so viel abgenommen hat wie Serafina ..."

„Ja, und?", fragte meine Mutter.

„Inzwischen ist sie richtig krank. Sie hat eine schwere Essstörung ..."

„So ein Blödsinn", sagte ich gereizt und war wütend auf Matilda. Warum erzählte sie solche Dinge? Gönnte sie es mir nicht, dass ich jetzt endlich ein bisschen dünner war? Sie selbst war genauso kräftig wie meine Mutter und meine deutsche Oma.

Plötzlich sahen mich alle an.

Und plötzlich wurde alles schwierig.

„Du musst mehr essen", sagte meine Mutter in der darauf folgenden Woche jeden Tag. Sie schaute mich kopfschüttelnd an und zwang mich dazu, morgens ein ganzes Brötchen zu essen, mit Butter und Käse.

„Und trink deinen Kakao", sagte sie und stellte mir einen randvoll gefüllten Becher hin.

Es wurde jeden Tag kälter und es war schön, warmen Kakao zu trinken. Aber gleichzeitig ekelte ich mich davor. Ich hatte das Gefühl, förmlich zu spüren, wie sich das Fett der Milch und der Zucker im Kakao in meinen Körper hineinfraßen und in mir ausbreiteten.

Mit klopfendem Herzen fuhr ich in die Schule. Wenn ich es zeitlich einrichten konnte, nahm ich jetzt nicht mehr den direkten Weg, sondern machte zuerst noch einen Schlenker durch den kleinen Stadtpark. Von dort führte eine Allee steil hinauf in den nächsten Stadtteil. Atemlos nahm ich diese Steigung ein paarmal in der Woche.

Es wurde immer kälter und der Himmel war herbstgrau und voller zerzauster Wolkenfetzen. Welkes Laub fegte über die Straßen und eines Morgens stellte ich Ernestines Rad kurz entschlossen im Park ab und rannte ein Stück. Ich kam außer Atem und hatte Seitenstechen. Trotzdem rannte ich weiter. Ich dachte an das Brötchen mit Butter und Frischkäse, das ich heute früh gegessen hatte, und an die Tasse Kakao dazu.

Ich rannte und rannte und rannte und es begegneten mir eine Menge anderer Menschen, die ebenfalls durch den

Park joggten. Ich war also nicht die Einzige, die sich fit halten wollte, die auf ihre Figur achtete. Ich lächelte den Leuten zu.

Ein paar lächelten zurück.

Irgendwann war ich völlig außer Atem. Erschöpft lief ich zurück zu Ernestines Fahrrad und fuhr in die Schule.

Es hatte schon geklingelt. Der Pausenhof lag wie ausgestorben da. Nur ganz hinten bei den Mülltonnen waren ein paar Schüler. Über den Hof hinweg schaute ich zu ihnen hinüber, während ich Ernestines Fahrrad abschloss. Es waren Achtklässler. Also Moses' Mitschüler, seit er einen Jahrgang unter uns war.

Und dann sah ich auch Moses.

Was war denn da drüben los? Moses lehnte an der kleinen Mauer, hinter der unsere Schulbiotonnen standen. Wie es aussah, trug er wieder die weite, plusterige Kameltreiberhose. Aber statt der bunten Samtweste, die er im Sommer dazu angehabt hatte, steckte er jetzt in einem riesigen ausgebeulten, giftgrünen Wollpullover. Und seine Haare, die er anscheinend nicht mehr schnitt, hatte er zu einem kleinen, pinselartigen Zopf zusammengebunden.

„Tu gefälligst, was ich sage, blöder Fettberg!", rief ein Achtklässler.

Ich zuckte zusammen. Aber vielleicht hatte ich mich ja auch nur verhört. Ich ging langsam los Richtung Hauptgebäude, blieb stehen und ging wieder los.

„Sag es, Hefekloß!", rief ein anderer.

Moses rührte sich nicht.

Ich blieb wieder stehen. Moses hatte mich noch nicht entdeckt und auch seine Klassenkameraden hatten nicht gemerkt, dass ich da war.

„Sag: ‚Ich bin ein fettes Schwein!'", rief ein dritter Achtklässler.

„Sag es! Sag es! Sag es!", schrien sie alle zusammen. Ihre Stimmen hallten auf dem stillen Hof. Ich zählte sie. Im ganzen waren es zehn von Moses' Mitschülern.

Moses stand einfach da, hatte die Hände in den weiten Hosentaschen und starrte vor sich hin ins Leere. Ich würde zu ihm gehen. Ich holte tief Luft. Mir fiel auf, dass er noch mehr zugenommen hatte.

In diesem Moment kam unser dicker Religionslehrer aus dem Haupthaus.

„He, was ist hier denn los?", rief er und stampfte quer über den Schulhof. Mit langen Schritten. Ich blieb stehen.

„Nichts", sagten die Achtklässler achselzuckend und gingen davon. Ganz zum Schluss kam Moses. Er schlenderte einfach so hinter den anderen her, als sei gar nichts gewesen.

„Alles klar?", fragte unser Religionslehrer und legte seine Hand für einen Moment auf Moses' Rücken.

„Ja, klar, alles klar", sagte Moses. Ich hörte es genau. Da drehte ich mich schnell um und beeilte mich, in meine Klasse zu kommen. Schließlich war ich jetzt schon sehr spät dran.

Aber das Laufen hatte mir gutgetan. Ich fühlte mich schon lange nicht mehr so voll wie nach dem Frühstück.

„Los, nimm wenigstens eine kleine Portion Lasagne", sagte meine deutsche Oma, die für uns gekocht hatte. Warum machte sie ausgerechnet Lasagne? Nie wurden ihre überbackenen Nudeln so gut wie die meiner italienischen Oma früher.

„Danke, ich will nur Salat", sagte ich gereizt. Meine Eltern waren bei der Bank, weil es mal wieder, trotz des großen Rathausauftrages, Probleme mit dem Geld gab.

„Mama hat gesagt, du darfst nicht nur Salat nehmen", sagte Maria.

Ich runzelte gereizt die Stirn. „Ich habe eben in der Schule eine Käsestange gegessen", sagte ich und schob meinen Teller weg.

Nach dem Essen schrieb ich in mein Tagebuch: *1 kleine Portion Rucola-Salat.*

Dann fiel mir ein, dass ich am Morgen vergessen hatte, mich zu wiegen. Ich zog die Waage unter meinem Bett hervor. Niemand hatte gemerkt, dass ich sie vor ein paar Tagen zu mir herübergeholt hatte. Schnell stellte ich mich darauf und schaute erwartungsvoll auf das rote Digitalzahlenfeld.

Und dann bekam ich einen schlimmen Schreck.

57,0 Kilogramm stand dort.

Wie war das möglich? Gestern hatte ich noch 56,2 gewogen. Wie konnte ich in etwas mehr als vierundzwanzig Stunden fast ein ganzes Kilogramm zunehmen?

Ich wog mich ein zweites und ein drittes Mal, aber es nützte nichts.

Ich wurde wieder ein Monster. Ich wurde wieder dick. Ein Fleischberg. Ein Fettkloß.

Aber das durfte nicht sein. Zitternd setzte ich mich auf mein Bett, hüllte mich in meine Bettdecke und spürte jedes Gramm Fett in meinem abscheulichen Körper.

Ich hatte mir doch geschworen, so lange abzunehmen, bis ich nicht mehr als fünfundfünfzig Kilogramm wog. Aber ich hatte es nicht geschafft. Stattdessen nahm ich wieder zu.

Mein Körper spielte mir einen bösen Streich.

Draußen goss es in Strömen und der Wind trieb den grauen Novemberregen gegen meine Fensterscheibe, dass die Tropfen nur so gegen das Glas prasselten und anschließend in dünnen Zickzacklinien die Scheibe hinunterliefen. Wie Tränen, wie traurige Versagertränen sahen die herunterrinnenden Regentropfen aus.

Aber ich ließ mir nicht alles verderben.

Ich würde den Kampf jetzt noch viel gnadenloser kämpfen. Ich würde noch mehr auf meine Ernährung achten. Und dann würde ich die Fünfundfünfzig-Kilo-Grenze doch noch erreichen.

„Ich schwöre es", flüsterte ich mir zu. Tonlos, aber immer wieder.

Die Tage kamen und gingen und ich nahm wieder ab. Alles war wieder in Ordnung. Ich war in der Apotheke gewesen, an der ich jeden Morgen vorbeikam, wenn ich zur Schule fuhr, und hatte mir die Schlankkapseln gekauft. Sie waren teuer gewesen, aber das war mir egal. Ich hatte noch eine Menge Geld von meiner Konfirmation auf dem Sparbuch.

„Viel Erfolg damit", sagte der Apotheker. „Aber nicht übertreiben."

Ich nickte und nahm am Abend die erste Kapsel. Ich musste sie einfach nehmen. Meine Mutter hatte Pizza gebacken und bestand darauf, dass ich zwei Ecken aß.

„Eigentlich habe ich keinen Hunger", hatte ich gesagt und mir nur einen Diätjoghurt aus dem Kühlschrank genommen, den ich mittags im Supermarkt gekauft hatte.

0,1 % Fett stand darauf.

„Nein, Serafina, kein Diätzeug mehr", sagte meine Mutter. „Du bist dünn genug."

Dabei wog ich immer noch nicht fünfundfünfzig Kilo. Und meine Oberschenkel konnten ruhig noch ein bisschen fester und schmaler werden. Genau wie mein Bauch.

„Ich habe aber keinen Appetit auf fettige Pizza", sagte ich gereizt.

Aber dann aß ich doch zwei kleine Stückchen. Ich aß langsam, sehr langsam, und war gleichzeitig mit den ande-

ren fertig, die viel mehr gegessen hatten als ich. Die Pizza
war lecker gewesen und ich schaute auf den großen Pizza-
teller, der mitten auf dem Tisch stand. Es war immer noch
Pizza übrig und ich hätte so gerne wenigstens noch eine
kleine Ecke genommen. Aber ich tat es nicht. Stattdessen
trank ich nach dem Essen noch zwei Gläser Leitungswasser
auf der Toilette. Und dachte dabei an die beiden Pizza-
stücke, die jetzt in meinem Körper waren und dort Schaden
anrichteten. Ich hatte das Gefühl, es förmlich zu spüren,
wie sie sich in mir ausbreiteten und in Fett verwandelten,
in rosa Fettklumpen, die sich in mir festfraßen. Eilig ging
ich in mein Zimmer und zog die Gebrauchsanweisung der
Schlankkapseln aus der dazugehörigen Schachtel.

Medizinprodukt zur Behandlung von Übergewicht, stand da.
*Ebenso zur Gewichtskontrolle und zur Verminderung erhöhter Blut-
fettwerte.*

SCHLANKER SEIN BRINGT LEBENSFREUDE!

*Der unvergleichliche Wirkstoff unserer Schlankkapseln kann
viele Nahrungsfette binden. Und das bei hervorragender Verträg-
lichkeit.*

Schnell schob ich mir eine Kapsel in den Mund und spülte
sie mit einem Schluck Wasser hinunter.

Anschließend fühlte ich mich besser. Die beiden Pizza-
stücke konnten mir, wenn alles gut ging und die Kapseln
hielten, was sie versprachen, nichts mehr anhaben.

Bis zum Schlafen las ich dann in meinem Geschichts-
buch. Wir würden morgen eine Arbeit schreiben und ich
musste unbedingt wieder besser werden.

Aber Geschichte war noch nie ein Problem gewesen, da
machte ich mir keine Sorgen. Ich war merkwürdig aufge-
kratzt an diesem Abend. Ich hörte immer wieder *Feel* von
Robbie Williams und fühlte mich nicht mehr ganz so
schwer wie sonst.

In der Nacht wachte ich entsetzt auf. Was war passiert? Mein Bett war nass, genau wie meine Schlafanzughose. Eilig schlich ich zur Toilette. Ich hatte Durchfall, einen merkwürdigen, schleimigen Durchfall. Schnell zog ich mich um und stopfte die Schlafanzughose, die ich mal zum Spaß zusammen mit Moses auf dem Flohmarkt gekauft hatte, in den Müll. Anschließend verknotete ich die Mülltüte fest und versteckte sie bis zum Morgen in meinem Schrank.

Die ganze restliche Nacht rumorte es in meinem Bauch. Das musste die Kapsel sein, die ich geschluckt hatte. Sie schaffte das überflüssige Fett, das meine Eltern mich zu essen zwangen, wieder aus meinem Körper. Dafür nahm ich ein bisschen Durchfall und Bauchzwicken gerne in Kauf. Leise stellte ich meine Anlage ein und Robbie Williams sang für mich. Ich rollte mich auf die Seite und schaffte es irgendwann, wieder einzuschlafen.

Am nächsten Morgen schrieben wir eine Geschichtsarbeit über die Zeit des Nationalsozialismus, aber ich konnte mich mal wieder nicht richtig konzentrieren. Ich war so hungrig und das Rennen heute früh im Park hatte mich noch mehr erschöpft als sonst.

Weimarer Republik. Hitler-Stalin-Pakt. Das Warschauer Ghetto ...

In meinem Kopf drehte sich alles. Und übel war mir auch.

„Du bist schon fertig?", fragte unsere Klassenlehrerin, bei der wir auch Geschichte hatten.

„Ja", sagte ich leise, legte meine Blätter schnell auf ihren Tisch und ging hinaus.

Auf dem Gang begegnete mir Moses, mit einer roten Wollmütze auf dem Kopf. Hatte er heute erst später Unterricht oder kam er so viel zu spät? Ich fragte ihn nicht, aber wir blieben trotzdem beide voreinander stehen.

Moses sah aus wie ein dicker Berg. Noch nie war er mir so dick vorgekommen wie an diesem Morgen. Er musste eine Menge zugenommen haben in den letzten Monaten. Er trug einen braunweiß gemusterten Wollponcho, der wie ein Zelt um ihn hing. Wie ein dicker, alter Hirte aus Sizilien sah Moses aus.

„Hallo Serafina", sagte er.

„Hallo", sagte ich.

Wieder schauten wir uns an.

„Du bist ja sehr dünn geworden", sagte Moses zögernd.

Dazu schwieg ich.

Moses, lieber Moses, dachte irgendetwas in meinem Kopf.

Du bist dick und hässlich, dachte ebenfalls irgendetwas in meinem Kopf.

„Also dann, man sieht sich", sagte Moses schließlich, als ich nichts antwortete. Dasselbe hatte er damals am ersten Schultag nach den Ferien, als ich zum ersten Mal mit dem Rad zur Schule gefahren war, auch gesagt.

Ich nickte schwach.

Dann ging ich langsam weiter.

„Übernächste Woche hat mein Bruder Geburtstag, er wird siebzehn", sagte Ernestine mittags zu mir. „Wir feiern ein bisschen. Fritz hat gefragt, ob du auch kommst."

Wir saßen in Ernestines Zimmer auf ihrem Hochbett. Ob Ernestine wohl davon wusste, dass ich einmal alleine mit Fritz im Park gewesen war? Ich hatte ihr jedenfalls nichts davon erzählt. Warum ich es nicht getan hatte, wusste ich selbst nicht genau.

Dabei war ja gar nichts weiter zwischen uns vorgefallen. Wir hatten schließlich einfach nur ein bisschen über die

Schule geredet und Fritz hatte von seiner Handballmannschaft erzählt und dabei waren wir herumgelaufen.

„Unser Vater wird auch kommen, dann könntest du ihn dir mal angucken. Er ist ein ziemliches Ekel." Ernestine lächelte mir zu und ich fand, dass dieses Lächeln traurig aussah. Merkwürdig, sie hatte mir noch nie von ihrem Vater erzählt.

„Ein richtiges Familientreffen eben", redete Ernestine schon weiter.

Und dazu war ich eingeladen? Warum?

„Fritz mag dich, glaube ich", beantwortete Ernestine meine unausgesprochene Frage ganz von alleine.

Mir wurde ganz warm im Bauch, als ich das hörte.

Fritz mochte mich ...

Das war der erste Erfolg meiner Diät. Ich war kein Monster mehr und ein Junge wie Fritz mochte mich deswegen.

„Er hat gesagt, er hat noch nie eine Mammutbaum-Besitzerin mit so schönen grünen Augen wie dich gesehen", fuhr Ernestine fort und lachte.

Ich spürte, wie ich rot wurde. Aber zum Glück war es schon winterdämmrig in Ernestines Zimmer und darum sah sie es nicht.

Ernestine knabberte Erdnüsse und hielt mir die Dose hin.

Ich schüttelte schnell den Kopf.

„Wollen wir heute Abend zusammen ins Kino gehen?", fragte sie. „Es gibt *Natürlich blond*, Teil zwei. Lea holt mich um sieben Uhr ab."

Schon wieder Lea. Ich wollte Ernestine nicht mit ihr teilen. Außerdem hatte sie Ernestine schon den ganzen Vormittag in der Schule, warum musste sie mir da auch noch die Nachmittage und Abende wegnehmen?

Ich schüttelte ablehnend den Kopf. Nein, ich würde lieber in Ruhe eine Runde um den Block joggen. Das war ganz sicher besser. Die frische Luft würde mir guttun. Ich fühlte mich schon wieder ein bisschen erschöpft.

Nach dem Abendbrot schlüpfte ich in meine Turnschuhe. Beim Essen hatte es Streit gegeben.

„Serafina, du machst mich wahnsinnig", hatte meine Mutter mich angefahren. „Der Kartoffelsalat ist nicht giftig, hast du gehört? Hör also auf, ihn nur auf deinem Teller hin und her zu schieben. Du hast sowieso schon wieder nur eine winzige Portion genommen."

Ich gab keine Antwort. Was sollte ich auch sagen? Warum machte sie solche fettigen Sachen zum Abendbrot? Warum ließ sie mich nicht in Ruhe einen Joghurt essen?

„Weißt du noch, dass du Kartoffelsalat früher geliebt hast?", schimpfte meine Mutter weiter.

Warum regte sie sich so auf? Ich tat ihr doch nichts. Ich achtete doch nur ein bisschen auf meine Ernährung. Das war doch gut und ganz sicher kein Grund, mich vor der ganzen Familie herunterzuputzen.

„Jeder dritte Bundesbürger hat Übergewicht", murmelte ich ärgerlich. Das hatte ich gerade heute in einer Zeitschrift gelesen. *Werden wir ein fettes Volk?*, war die Überschrift des Artikels gewesen.

„Ja, das mag schon sein, aber du hast keins!", sagte meine Mutter kauend. Ihre Stimme klang nervös.

Irgendwann hatte ich genug. Ich stand auf und ging in mein Zimmer. Der Stuhl hinter mir war umgefallen, so heftig war ich aufgesprungen. Kaum war ich in meinem Zimmer, als meine Mutter mir auch schon hinterherkam. In der Hand hielt sie meinen Teller Kartoffelsalat. Wie eine Waffe. Wenigstens kam es mir so vor.

„Iss bitte auf, Fina", sagte sie und stellte den Teller auf meinen Schreibtisch. Dann ging sie wieder zurück ins Wohnzimmer.

Die Kartoffeln glänzten fettig. Angeekelt und wütend nahm ich den Teller und leerte das schmierige Zeug eilig in meinen Mülleimer. Wieder knotete ich einen Müllbeutel zu. Den würde ich aus der Wohnung schmuggeln müssen – morgen, versteckt in meiner Schultasche. Anschließend schluckte ich schnell eine Schlankkapsel. Denn schließlich hatte ich heute wieder eine Menge gegessen.

Am Morgen das Brot mit Hüttenkäse. Mittags eine Portion Reis mit Tomatensauce, in der bestimmt sogar Sahne gewesen war. Und eben viel zu viel von dem fetttriefenden Kartoffelsalat – einfach ekelhaft.

Ich beschloss, noch eine Runde joggen zu gehen. „Wo willst du hin?", fragte mein Vater und blieb im Flur neben mir stehen.

Himmel, was war nur los? Warum wurde ich dauernd bewacht und kontrolliert?

„Ein bisschen laufen", murmelte ich.

„Jetzt? Um diese Zeit?"

Mein Vater sah auf seine Armbanduhr.

„Ja, da ist doch nichts dabei", schimpfte ich gereizt los. Und damit verließ ich die Wohnung.

Waren hier alle verrückt geworden? Ich trat auf die Straße und lief los. Eine Runde um den Block und dann eine zweite Runde. Die kalte Winterluft tat mir in der Lunge weh und brannte mir eisig im Gesicht. Meine Beine wurden schwer. Aber ich rannte trotzdem weiter. Mein Herz schlug heftig und ich spürte es bis in den Kopf.

Eine ältere Frau, die ebenfalls lief wie ich, begegnete mir. Wir lächelten uns zu. Die Frau war bestimmt ein ganzes Stück älter als meine Mutter, aber sie rannte locker und schien gut in Form zu sein.

Irgendwann konnte ich nicht mehr. Atemlos blieb ich stehen und lehnte mich an eine Hauswand. Von hier aus konnte ich schräg über die Straße hinweg ein Stück des kleinen Parks sehen, in dem ich neulich mit Fritz gewesen war.

Auch mit Moses war ich früher oft dort. Plötzlich kniff ich die Augen zusammen und starrte wie gebannt auf das kleine Stück Kiesweg, das ich erkennen konnte. Eine Straßenlaterne warf ihren milchigen, orangefarbenen Schein in die Dunkelheit.

Dort ging jemand. Ein dunkler, dicker, dahintrottender Berg mit hängenden Schultern und hängendem Kopf. In einem weiten, wehenden Poncho.

War das Moses? Konnte das Moses sein, der da drüben, in der Nähe unseres Hauses, ganz alleine in der Winterdunkelheit und Winterkälte herumlief?

Ich schaute so angestrengt über die Straße, dass meine Augen anfingen zu brennen.

Nein, es war wohl doch nicht Moses. Es war ein dicker, alter Mann, der dort herumschlurfte.

Oder war es doch Moses? Ich fand es nicht heraus. Der wandelnde Berg verschwand aus dem Straßenlaternenlicht und aus meiner Sicht.

Einen Augenblick lang überlegte ich, ob ich nicht über die Straße laufen und schnell nachsehen sollte, ob es nicht doch Moses war, der da entlangschlich und trostlos wirkte.

Aber ich durfte abends nicht in den dunklen Park, das war ein festes Gesetz unserer Familie.

Und es konnte ja gar nicht Moses sein. Was sollte ihn jetzt, wo Bruno nicht mehr lebte, der abends immer eine Pinkelrunde verlangt hatte, in den dunklen Park treiben? Nein, es war bestimmt nur ein dicker, alter Mann gewesen, den ich peinlicherweise für meinen früheren besten Freund gehalten hatte. Wie gut, dass er das nicht wusste.

Ich riss mich zusammen und joggte noch eine letzte Runde.

95

9

Ich wog 53,7 Kilogramm. Lächelnd stieg ich von der Waage. Durch mein Fenster schienen ein paar dünne, blasse Wintersonnenstrahlen durch hellgraue Wolkenfetzen hindurch und ich fühlte mich gut. Das Leben war schön und ich ging zu Ernestine und Fritz hinauf. Heute hatte Fritz Geburtstag. Ich trug eine andere, neue Hose, die ich mir in der letzten Woche in der Stadt gekauft hatte. Es war eine schöne Jeans in Batikmuster, die oben an den Oberschenkeln eng saß und unten einen weiten Schlag hatte, der mit lila Blumen bestickt war. Diesmal hatte ich sogar Größe siebenundzwanzig nehmen können.

Ich hatte auch einen neuen Pulli an. Er war aus schwarzer Baumwolle und schmal geschnitten und wenn ich die Arme hob, zeigte er ein Stück meines nackten Bauches. Zumindest war es vorhin vor dem Spiegel so gewesen. Jetzt, wo ich hoch zu Ernestine und Fritz ging, hatte ich ein T-Shirt unter den Pulli gezogen. Mit dem nackten Bauch, das traute ich mich doch noch nicht. Schließlich war mein Bauch lange nicht so schön und fest wie Ernestines Bauch und ich wollte nicht, dass Fritz ihn einfach so sah, wenn ich mich aus Versehen einmal falsch bewegte.

Und richtig schlank war ich ja auch noch nicht. Natürlich war ich nicht mehr so fett und hässlich wie früher, aber Ernestine und Lea sahen beide immer noch besser aus als ich.

Bestimmt gab es Kuchen bei Fritz. Kuchen gab es schließlich immer auf Geburtstagsfeiern. Zum Glück hatte ich es heute Morgen geschafft, dem Frühstück zu entkommen. Es funktionierte, weil Maria eine Magendarmgrippe hatte und sich in der Nacht ein paarmal übergeben hatte.

„Ich fühle mich auch nicht besonders", sagte ich darum beim Frühstück. Und mittags sagte ich es wieder. Meine

Mutter schaute mich prüfend an. „Du siehst wirklich ziemlich blass aus", meinte sie schließlich und dann gab sie sich tatsächlich damit zufrieden, dass ich nur ein paar Schlucke ungesüßten Tee trank.

Wir saßen einfach zusammen in der Küche und unterhielten uns über die Berufsschüler meiner Mutter, die anscheinend alle ziemlich kompliziert waren. Um ihren Job beneidete ich meine Mutter wirklich nicht. Bevor ich in mein Zimmer ging, um Hausaufgaben zu machen, sang mir meine Mutter noch drei japanische Weihnachtslieder vor. Es klang so lustig, dass wir beide lachen mussten.

Es war ein schöner, richtig schöner Mittag.

Schnell schluckte ich hinterher eine meiner zartrosa Schlankkapseln.

Jetzt konnte ich es sogar riskieren, ein Stück Geburtstagskuchen bei Fritz zu essen.

Ich hatte Herzklopfen, mal wieder.

Ich hatte geglaubt, dass es nur eine Familienfeier sein würde. Und zuerst war es das auch nur. Es war schon Anfang Dezember und während mir Ernestines und Fritz' Mutter ein Stück Schwarzwälder Kirschtorte auf den Teller legte, fing es draußen ganz leicht an zu schneien.

Ich schenkte Fritz den alten, amerikanischen Spielfilm Paper Moon auf einer Videokassette. Ich hatte das Band neulich in der Stadt ganz zufällig entdeckt und es sofort gekauft, weil Fritz mir im Park erzählt hatte, wie sehr er diesen Film als Kind gemocht hatte und dass er ihn gerne mal wieder sehen würde, ihn aber nirgends auftreiben konnte.

„Mensch, Serafina, wie toll!", sagte Fritz begeistert und lachte mich an. „He, wir machen bald mal einen Videoabend zusammen, nur du und ich, okay?"

Ich nickte, aber ich konnte mich nicht richtig freuen,

denn ich saß gefesselt vor meinem Stück Kuchen, das ich essen musste. Ich starrte auf den Berg aus Sahne und Teig und war hin- und hergerissen. Mit Moses hatte ich im letzten Jahr oft Schwarzwälder Kirschtorte gegessen, aber jetzt war mir klar, was für eine Kalorienbombe das war.

Ich wollte diesen Fettberg nicht in mir haben – andererseits wollte ich den Kuchen auch nicht als Einzige stehen lassen. Zögernd griff ich nach meiner Kuchengabel und schob mir ein winziges Stück Torte darauf. Sehr, sehr langsam und vorsichtig begann ich zu essen. Ich dachte krampfhaft an die Diätkapsel, die ich geschluckt hatte, und beruhigte mich wieder ein bisschen. Sie würde mich doch retten. Sie würde mir helfen, all das eklige Fett der Torte wieder loszuwerden, ehe es mir etwas anhaben konnte. Am Abend würde ich Durchfall bekommen, wie immer nach einer Kapsel, und der Durchfall würde voll von abgeführtem, abscheulichem Fett sein. Ich kannte das inzwischen schon. Manchmal tat mir sogar der Po davon weh. Ich wurde richtiggehend wund von diesem häufigen Durchfall.

Der Kuchen schmeckte gut, fast hatte ich vergessen, wie lecker Kuchen war, und dann goss mir Ernestines Vater sogar ein halbes Glas Sekt ein.

„Danke", sagte ich und stieß mit den anderen an.

Ernestines und Fritz' Vater sah sehr jung aus, viel jünger als ihre Mutter. Er sah auch gut aus. Und erfolgreich. Und ziemlich arrogant.

„Er ist Arzt und hat eine Menge Geld. Und er bedauert es, Fritz und mich in die Welt gesetzt zu haben. Wenigstens hat er das mal in einem Streit zu meiner Mutter gesagt ...", flüsterte Ernestine mir zu. „Manchmal überweist er monatelang keinen Cent Unterhalt für uns, einfach so, nur um meiner Mutter das Leben schwer zu machen. Es ist seine Rache dafür, dass meine Mutter ihn verlassen hat."

Der Sekt machte, dass mir schwindelig wurde. Ich aß meine Schwarzwälder Kirschtorte auf und bekam neuen Sekt. Und ein Stück Donauwelle.

Diesmal schaffte ich den Kuchen problemlos.

Ich bekam Schluckauf – das war mir peinlich. Ernestine, Fritz und ich setzten uns in die Küche und tranken Orangensaft.

„Nochmal vielen Dank für den Film, Serafina", sagte Fritz und tippte mit seinem Zeigefinger gegen meine Nase.

Ich zuckte zusammen und wünschte mir, einmal wieder mit Fritz alleine zu sein.

Vielleicht würde ich mich ja trauen, ihm zu sagen, wie gerne ich ihn mochte. Und dann wollte ich mit ihm für den Rest meines Lebens auf einer einsamen Insel sein.

Oder eine Weltreise mit ihm machen.

Oder ihn küssen.

Oder was weiß ich.

Alle sollten sehen, dass er mich mochte.

Ich fühlte mich auf einmal ganz leicht im Kopf. Und ich war zum ersten Mal seit einer Ewigkeit wieder satt, richtig satt.

Vielleicht sollte ich jetzt aufhören mit dem Abnehmen. Wenn ich nur weiter vorsichtig war, mit dem Fahrrad zur Schule fuhr, laufen ging, mich weiter fit hielt, konnte mir doch nichts passieren ...

Aber dann ging alles kaputt.

Ich war eben doch ein Monster.

Ich hatte es ja gewusst.

Plötzlich klingelte es.

„Na endlich", sagte Fritz und ging aus der Küche.

„Noch mehr Familie?", fragte ich Ernestine.

„Nein, Freunde", antwortete Ernestine.

Und ich hatte gedacht, es wäre eine Familienfeier.

Auf einmal war die ganze Küche voll. Benommen und überrumpelt blieb ich, wo ich war, und hielt mich an meinem Orangensaft fest.

„Florian und Lars und Ramon spielen mit Fritz Handball", erklärte Ernestine und zeigte auf drei Jungen, die sich lautstark über eine Tüte Chips hermachten, die Fritz zusammen mit ein paar Flaschen Bier aus der Speisekammer geholt hatte.

„Und Elias und Nick gehen in seine Klasse."

Ernestine zeigte auf zwei andere Jungen, die uns vage zuwinkten.

„Und das ist Laila, Fritz' große Liebe", sagte Ernestine etwas leiser und deutete mit dem Kopf auf ein Mädchen, das plötzlich auch da war. Ich hielt die Luft an und verstand gar nichts. Noch nie hatte ich diese Laila gesehen, noch nie etwas von ihr gehört.

Aber Fritz stand vor ihr und ich konnte sehen, wie er sich freute. Er lächelte ihr zu. Und sie lächelte zurück.

„Sie kennen sich schon seit einer Ewigkeit, es ist die ganz große Liebe, wenigstens für Fritz ...", flüsterte Ernestine in mein Ohr.

Das Mädchen hatte Schnee in den dunklen Haaren. Und sie war sehr schmal und zart. Ihr Gesicht war ein bisschen blass und ihre Augen waren tief und dunkel.

Ich hatte es ja gewusst. Ich war ein dickes, hässliches, nichts sagendes Monster. Nie würde Fritz mich so anschauen, wie er dieses Mädchen anschaute. Nie *hatte* Fritz mich so angeschaut, wie er dieses Mädchen anschaute. Und ich hatte mir eingebildet, Fritz würde mich mögen ... Wie dumm ich war, dumm und lächerlich und größenwahnsinnig.

Denn natürlich bedeutete ich ihm nichts. Ich war nichts für ihn.

„Laila wohnt in Neustadt und ihre Eltern stammen aus der Türkei und sind ziemlich streng. Darum können sie und Fritz sich nicht so oft sehen ...“

Ernestines Worte klangen hohl und dumpf und weit weg. Mein Kopf fühlte sich plötzlich an, als sei er mit Watte gefüllt.

„Schön, dass du kommen konntest“, sagte Fritz zu dem dünnen, schönen Mädchen, das Schnee in den Haaren hatte und das mir alles kaputtmachte. Ich hörte es durch all den Krach hindurch.

Auf einmal war mir schlecht. Der viele Sekt, der schreckliche Kuchen, alles war mir zu viel.

„Ich glaube, ich möchte nach Hause“, hörte ich mich zu Ernestine sagen.

Und dann ging ich.

„Soll ich vielleicht mitkommen?“, fragte Ernestine an der Tür.

„Nein“, sagte ich und ging alleine.

„War es schön?“, fragte meine Mutter, als ich zur Wohnungstür hereinkam.

„Ja, klar“, sagte ich und ging ins Badezimmer. Und dann brach ich alles aus. Den Sekt, die Schwarzwälder Kirschtorte, die Donauwelle, den ganzen, schrecklichen Tag und meine Gefühle für Fritz.

Draußen schneite es nicht mehr. Stattdessen goss es in Strömen.

Alles war kaputt.

Weihnachten kam und ging. Es regnete tagelang. Einmal, am Tag nach Weihnachten, rief die Frau aus Genua an und verdarb meinen Eltern die Stimmung. Einmal rief Moses an.

„Serafina, Moses ist am Telefon", meinte mein Vater.

Aber ich nahm den Hörer nicht.

„Er klang ziemlich niedergeschlagen", sagte mein Vater hinterher.

Ich schaute stumm vor mich hin. Natürlich tat Moses mir leid, aber was sollte ich tun? Nichts war mehr wie früher. Ich wusste nicht, was ich mit Moses reden sollte.

Ernestine und Fritz waren mit ihrer Mutter zum Skilaufen gefahren.

„Du könntest mitkommen", hatte Ernestine vorgeschlagen.

Ich schüttelte den Kopf.

„Was ist denn los mit dir, Serafina?", fragte Ernestine verwirrt.

„Nichts", sagte ich und schaute sie nicht an.

Fritz sah ich kein einziges Mal.

Nur nachts, wenn ich von ihm träumte. Von ihm und diesem dünnen Mädchen, Laila.

Sie küssten sich und lachten mich aus und ich fühlte mich gedemütigt, während des Traums und immer noch, wenn ich schon aufgewacht war.

„Serafina", sagte Fritz in diesen Träumen. „Serafina, hast du wirklich geglaubt, ich würde mir etwas aus dicken Mädchen machen?"

Wenn ich aufwachte, war mein Gesicht nass geweint.

Dann flog meine Mutter mit ihrer Japanischlehrerin für eine Woche nach Tokyo.

Ich fühlte mich völlig alleine.

Meine Diätkapseln waren alle. Ich ging in die Apotheke, um neue zu kaufen. Vorher hob ich bei der Sparkasse hundert Euro von meinem Sparbuch ab.

„Für wen brauchst du die Kapseln denn?", fragte der

Apotheker. Es war derselbe, der mich auch beim letzten Mal bedient hatte.

Er schaute mich an und sein Blick war merkwürdig.

„Für ... für meine Mutter", sagte ich schnell und wurde nervös. War es denn verboten, ein paar harmlose Diättabletten zu kaufen?

Der Apotheker sah mich immer noch an. Nachdenklich. Oder abschätzend. Oder misstrauisch. Oder besorgt.

Ich runzelte die Stirn.

„Dann wird es das Beste sein, wenn deine Mutter persönlich bei mir vorbeikommt", sagte der Mann dann.

„Warum?", fragte ich.

„Es wäre mir lieber", antwortete der Apotheker und verschränkte die Arme vor der Brust.

Was sollte das? Was mischte er sich in mein Leben ein? Wortlos drehte ich mich um und verließ die Apotheke.

In einer anderen Apotheke hatten sie die Kapseln nicht, die ich wollte, dafür aber andere, die noch viel teurer waren. Da kaufte ich stattdessen einfache Abführtabletten. Sie waren ja sowieso nur für den Notfall. Für den Fall, dass meine Eltern mich nicht in Ruhe ließen und von mir verlangten, mich mit fettigen, scheußlichen Sachen vollzustopfen.

„Bitte iss deinen Teller leer", sagte meine Mutter, als sie wieder zu Hause war. Es gab ein fremdartiges, japanisches Gericht mit klebrigem, saurem Reis und viel Gemüse. Meine Eltern und Maria aßen jeder noch ein Stück Fisch dazu. Wenigstens das musste ich nicht nehmen.

„Ich habe keinen Hunger", sagte ich ärgerlich und schob meinen Teller zurück.

„Serafina, du hast kaum etwas gegessen", brummte mein Vater. Es war Sonntag und er war ausnahmsweise einmal da.

„Warum wollt ihr mich dauernd mästen? Ich finde diesen Reis eklig ..."

Der Gedanke, diesen ganzen fettigen Matsch auf meinem Teller essen zu müssen, machte mir plötzlich richtig Angst. Ich wusste schon, wie es hinterher sein würde. Morgen würde die Waage noch mehr anzeigen als heute. Und dabei hatte ich heute früh schon ganze 52,3 Kilo gewogen. Wie sollte ich jemals zu einer schönen Figur kommen, wenn mich meine Eltern mästeten wie eine Weihnachtsgans?

„Serafina, das geht so nicht weiter!", schrie meine Mutter plötzlich los. Ich musste daran denken, wie sie damals, als mein Vater in Genua gewesen war, nachts im Schlafzimmer so laut geschrien hatte.

„Du wirst noch krank, wenn du so weitermachst", schrie meine Mutter weiter. „Merkst du denn nicht selbst, dass du dich ganz verrückt machst? Und du bist blass und dein Gesicht ist so schmal geworden. Schau mal in den Spiegel!"

„Hör auf zu schreien", schrie ich zurück und sprang auf. „Ich begehe doch kein Verbrechen! Ich will nur ein bisschen abnehmen! Was ist daran so schlimm, verflixt? Maria ist schließlich auch dünn ..."

Ich floh in mein Zimmer und rechnete jeden Moment damit, dass sie mir wieder hinterherkommen würden, um mir meinen Teller zu bringen.

Iss auf, Serafina. Iss weiter, Serafina. Iss deinen Teller leer, Serafina. Hör auf mit diesem Abnehmzirkus ...

Ich konnte es nicht mehr hören.

Aber diesmal kam niemand.

Draußen regnete es ununterbrochen. Was war das nur für ein Winter? Ich fühlte mich hundsmiserabel. Erschöpft und schwerfällig und aufgebläht.

Nervös blätterte ich in meinem Tagebuch. Was hatte ich in den letzten Tagen nicht alles essen müssen?

Leise verschloss ich meine Tür und drehte meine Musikanlage auf. Dann schluckte ich schnell eine Abführtablette und machte anschließend auf meinem Flickenteppich fünfzig Sit-ups, so viele, wie irgend ging, so viele, bis ich vor Erschöpfung zitterte und mich kaum noch rühren konnte. Hinterher spürte ich jeden Muskel in meinem Bauch. Das Gefühl beruhigte mich ein bisschen.

Bewegung verbrauchte Kalorien.

Müde blieb ich liegen. Von hier aus konnte ich unter mein Bett schauen. Staubflusen waren da und ganz hinten an der Wand ein vergessener Teller mit dem Mittagessen von vorgestern, als ich nach einem Streit mal wieder in mein Zimmer geflohen war und meine Mutter mir mein Essen hinterhergebracht hatte. *Iss deinen Teller leer, Serafina.* Ich musste das verdorbene Essen heute Nacht unbedingt in die Toilette kippen, ehe es anfing zu stinken.

Noch etwas lag unter meinem Bett. Ein paar staubige Zettel waren es. Müde angelte ich mit dem Arm danach. Was war das nur? Ach ja, meine Geschichtsarbeit. Ich knüllte sie ärgerlich zusammen. *Mangelhaft*, stand darunter. Und daneben hatte meine Klassenlehrerin geschrieben: *Was ist los mit dir, Serafina? Eine enttäuschende Leistung.*

Verdammt nochmal, warum kritisierte eigentlich jeder an mir herum? Warum ging alles schief?

Und morgen würden Ernestine und Fritz zurückkommen. Ich hatte Angst davor, Fritz wiederzusehen. Ich fror, wie so oft in der letzten Zeit, und drehte meine Heizung bis zum Anschlag hoch. Eine Stunde später fror ich trotzdem noch.

Am nächsten Tag hörte ich Fritz und Ernestine im Treppenhaus, wie sie schwere Koffer in die Wohnung schleppten. Ich blieb in meinem Zimmer und als Ernestine ungeduldig unseren vereinbarten Klingelton klingelte, machte ich einfach die Tür nicht auf. Zum Glück war außer mir niemand zu Hause.

Gleich darauf kam eine SMS: *Serafina, wo steckst du? Wenn du heimkommst, schau gleich bei mir vorbei, bitte. Fritz ist bei Laila und ich langweile mich alleine. Ernestine.*

Aber ich blieb, wo ich war, in meinem Bett.

Fritz war bei Laila ...

Mir ging es nicht gut. Die neuen Tabletten wirkten ganz anders als die Diätkapseln. Ich bekam nicht nur Durchfall von ihnen, sondern richtige Bauchkrämpfe. Ich war müde. Ich war müde und ich fror. Außerdem hatte ich letzte Nacht wieder von Fritz geträumt.

„Schade, dass du so dick bist, Serafina", sagte er und verzog das Gesicht. „Dicke Mädchen sind hässlich. Keiner will sie haben. Weißt du das nicht?"

„Doch, das weiß ich", sagte ich leise.

„Und warum bist du dann dick?", fragte Fritz.

Ich schwieg.

„Serafina, du wirst ja immer noch dicker!"

Fritz schaute mich angeekelt an und da sah ich es auch selbst. Ich stand auf einer Waage und mein Körper schwabbelte und wackelte und quoll in alle Richtungen auf.

Da drehte Fritz sich um und ging schnell davon.

„Nein, nein, nein", flüsterte ich und wachte auf. Verzweifelt lag ich da und starrte in die schwarzen Schatten meines nachtdunklen Zimmers. Mein Gesicht war wieder nass von Tränen. Irgendwann stand ich mühsam auf und machte auf meinem Teppich, mitten in der Dunkelheit, eine halbe Ewigkeit lang Gymnastik. Dabei konnte ich nicht aufhören zu weinen. Ich wollte nicht mehr dick und schwerfällig sein. Ich wollte schön sein. Wie Ernestine. Wie Lea. Und wie Laila.

„Hallo Serafina", sagte Matilda, die sich schon wieder für ein Wochenende bei uns einquartiert hatte.

„Hallo."

„Du bist ja noch dünner geworden."

„Bin ich nicht, ganz sicher nicht."

Matilda sah mich nachdenklich an, ich lag auf dem Sofa und schaute Fernsehen, und dann ging sie in die Küche zu meiner Mutter und schloss die Tür hinter sich.

„Serafina, was möchtest du essen?", fragte meine Mutter, als die Tür wieder aufging.

„Warum fragst du?", entgegnete ich misstrauisch. Warum redeten eigentlich alle dauernd vom Essen in der letzten Zeit? Das war doch früher nicht so gewesen.

„Soll ich Chili kochen? Oder willst du essen gehen? Oder hättest du gerne Bratkartoffeln mit Spiegeleiern? Du magst doch Bratkartoffeln ..."

„Essen gehen", rief Maria, die gerade erst aus dem Reitstall gekommen war. „Ich habe Riesen-Riesen-Riesenhunger!"

Ich zuckte gereizt mit den Achseln. Ich wollte nicht ans Essen denken. Dabei hatte ich ebenfalls Riesenhunger. Ich hatte es heute Morgen geschafft, mein Frühstücksbrötchen nach ein paar kleinen Bissen in den Mülleimer zu stecken, und mittags hatte ich mich mit meiner Mutter gestritten und alleine in meinem Zimmer zu Ende gegessen. Der Teller mit Spaghetti und Sauce stand immer noch in meinem Schrank. Ich würde ihn, sobald ich unbeobachtet war, in die Toilette leeren. Dafür hatte ich heute Nachmittag beim Hausaufgabenmachen einen Apfel und eine Banane gegessen und einen Liter Mineralwasser getrunken.

Matildas Zwillinge rannten laut in unserer Wohnung herum.

„McDonald's, McDonald's, McDonald's!", schrien sie wie verrückt.

„Oh ja, McDonald's", sagte Maria. „Dürfen wir?"

Wir gingen sonst fast nie zu McDonald's, weil meine Eltern Fast Food nicht leiden konnten.

Ich sah, wie Matilda und meine Mutter sich einen merkwürdigen Blick zuwarfen.

„Warum nicht?", sagte meine Mutter dann und schaute zu mir herüber. Ihr Blick war immer noch merkwürdig.

„Hast du auch Lust?"

Früher war McDonald's immer ein Streitpunkt bei uns gewesen.

„Nein", murmelte ich ärgerlich.

Aber wir gingen trotzdem.

Maria bestellte sich ein Hamburger-Menü.

Die Zwillinge bekamen zwei Happy-Meal-Tüten.

Matilda aß einen Chefsalat und einen Wrap.

Meine Mutter schaute mit gerunzelter Stirn auf die bunten Bestelltafeln und fand dann tatsächlich auch etwas für sich. Noch nie zuvor hatte sie bei McDonald's etwas gegessen.

„Und du?", fragte sie dann. Plötzlich schauten mich alle an.

„Ich weiß nicht", murmelte ich nervös.

Der Mann an der Kasse schaute auch, den Finger, mit dem er meine Bestellung in den Computer tippen wollte, bereits an den Tasten.

„Also?", fragte Matilda ungeduldig.

Die Luft hier drin war warm und roch fettig und ungesund und abgestanden.

„Ja, los, bestell doch endlich", sagte Maria neben mir.

In meinem Kopf begann sich alles zu drehen. Was sollte ich nur tun? Ich wollte nichts essen. Ich wollte nichts essen. Ich wollte nichts essen.

Andererseits knurrte mein Magen so laut, dass ich mir sicher war, dass alle es hören mussten.

„Einen Salat", sagte ich leise. „Einen kleinen Salat."

„Wie bitte?", fragte der Kassenmann.

„Einen Salat, den da", sagte ich etwas lauter und zeigte auf eine kleine, bunte Schüssel Salat auf der erleuchteten Bestelltafel.

„Und eine Portion Pommes frites", fügte meine Mutter hinzu und schob sich neben mich. Hinter uns war schon eine lange Warteschlange entstanden.

„Nein", sagte ich leise.

„Doch", sagte meine Mutter genauso leise.

Der McDonald's-Mann bepackte eilig unsere Tabletts und wir gingen zu einem Tisch in der Nähe der Kinderecke.

Ich spürte, dass ich vor Hunger zitterte. Auf den Tabletts häufte sich ein ganzer Berg aus Papiertüten und Pappschachteln. Wir setzten uns und sortierten den Berg.

Mir war schwindelig vor Hunger.

Ich roch Pommes frites, roch das Chicken-Sandwich meiner Mutter und den Hamburger mit Tomaten und Käse, den meine Schwester neben mir auspackte.

Nervös begann ich, die Käse- und Schinkenstückchen aus meinem Salat zu fischen.

„Serafina, bitte", sagte meine Mutter und schaute mich mit gerunzelter Stirn an.

„Ich esse kein Fleisch, wie du weißt", fauchte ich.

„Aber den Käse, bitte. Es ist doch nur ein bisschen Käse."

Ich schwieg. Der Käse war in dicke Würfel geschnitten und glänzte fettig. Ich konnte ihn auf keinen Fall essen.

Meine Mutter schob mir meine Pommes-Tüte zu. „Willst du Ketchup oder Mayonnaise dazu?", fragte sie.

Ich schüttelte schnell den Kopf und steckte mir langsam das erste Salatblatt in den Mund, nachdem ich die rosa Salatsauce zuerst mit der Gabel, so gut es ging, abgekratzt hatte.

„Vergiss die Pommes nicht. Kalt schmecken sie nicht mehr", sagte meine Mutter. Zu Maria sagte sie nichts, dabei hatte Maria ihre Pommes auch noch nicht angerührt. Sie aß immer zuerst ihren Hamburger.

Ich schaute den Hamburger in ihren Händen an. Er war noch viel fettiger und ekliger als die Käsestückchen in meinem Salat. Wie hatte ich so etwas früher essen können? Mayonnaise tropfte über Marias Finger. Sie leckte sie ab.

Hastig trank ich einen Schluck Mineralwasser. Die anderen hatten alle Fanta genommen.

Ich spürte, wie mir übel wurde.

Ich gab mir wirklich Mühe, aber plötzlich waren alle um mich herum fertig, alle außer mir.

„Mama, warum isst Serafina nix?", fragte Tim meine Tante Matilda.

„Können wir dann ihre Pommes haben?", fragte Sam.

Ich schaute nicht hoch, aber ich spürte trotzdem, dass mich auf einmal alle anschauten.

„Serafina isst ihre Pommes selbst", sagte Matilda ruhig. „Sie mag sie nämlich eigentlich sehr gerne, nicht wahr, Serafina?"

Ich schwieg verzweifelt.

Mühsam griff ich nach einem ersten Pommesstängel. Er war kalt und klamm und fettig. Schnell stopfte ich ihn mir in den Mund. Und dann den nächsten. Und dann wieder den nächsten. Irgendwann hob ich den Kopf und sah, dass mich immer noch alle anschauten.

Mein Mund war voll von matschigen, fettigen Pommes frites. Ich hatte vergessen zu schlucken. Hastig sprang ich auf und stürzte zur Toilette. Dort spuckte ich den Pommesmatsch in eine der Toilettenschüsseln. Anschließend spülte ich mir den Mund mit viel Wasser aus und wusch mein verschwitztes Gesicht.

Sogar auf den Toiletten spielte bei McDonald's Musik.

„She's so pretty, she's a star ... ", sang Britney Spears mit sanfter Stimme für mich. Ich schaute mich im Spiegel an und fühlte mich elend.

„Was hast du denn gehabt?", fragte Sam oder Tim, als ich wieder zurück zu unserem Tisch kam. Sogar ihre Stimmen klangen gleich.

Ich antwortete nicht.

„Sie hat Probleme mit dem Essen, Sam", sagte da meine Tante, aber sie sagte es nicht nur zu Sam. Sie sagte es zu uns allen. „Sie will immer dünner werden und weiß nicht mehr, was gut für sie ist."

Am liebsten hätte ich diesen idiotischen Satz in kleine Fetzen gerissen. Natürlich wusste ich, was gut für mich war. Und ich hatte keine Probleme mit dem Essen.

„Pommes bei McDonald's sind jedenfalls ganz sicher nicht gut", murmelte ich wütend. Aber mehr sagte ich nicht.

Alle waren fertig und die Zwillinge tobten in der Spielecke herum.

„Können wir jetzt gehen?", fragte ich.

„Und dein Salat?", fragte Matilda zurück.

Darauf gab ich keine Antwort. Was mischte sich meine Tante überhaupt dauernd ein? Und warum sagte meine Mutter kein Wort?

Still und stumm saßen wir noch eine halbe Ewigkeit da. Und alle schwiegen. Maria spielte Snake auf ihrem Handy.

Ab und zu kratzte ich zittrig mit der Plastikgabel ein bisschen fettige Salatsauce von einem Salatblatt oder einem Zwiebelring, einmal sogar von einem Stück Gurke. Anschließend kaute ich widerwillig.

„Die Salatsauce schmeckt nicht besonders", sagte ich erklärend in die Stille hinein. Keiner antwortete mir, nur irgendwo hinter uns machten Sam und Tim Krach.

111

„So kann es nicht weitergehen", sagte meine Mutter auf einmal und stand mit einem Ruck auf.

Und dann gingen wir endlich.

Und dann gab es die erste Liste. Sie hing auf einmal in unserer Küche.

„Was soll das?", fragte ich beim Frühstück und schaute darauf.

Morgens: Mittags: Nachmittags: Abends: stand da.

„Ich werde eintragen, was du isst", sagte meine Mutter und blickte auf meinen Frühstücksteller. Ich hatte mir gerade eine Scheibe Brot genommen und war dabei, mir eine dünne Schicht Butter daraufzuschmieren.

„Du solltest nicht weiter abnehmen, Serafina", fuhr meine Mutter fort. „Außerdem ist meine Waage verschwunden. Hast du sie genommen?"

Ich nickte ärgerlich und konnte das alles nicht glauben. Was sollten diese Kontrollen? War ich eine Strafgefangene?

„Du hast doch sicher schon zehn Kilo abgenommen seit dem letzten Sommer?", bohrte meine Aufseherin und ihre Stimme kam mir böse vor.

Ich gab keine Antwort. Gleich darauf hörte ich im Treppenhaus Ernestine und Fritz.

„Und mit Ernestine triffst du dich auch kaum noch in der letzten Zeit", bohrte und bohrte und bohrte meine Mutter. „Zuerst die Sache mit Moses, den du nicht mehr sehen willst, vor dem du dich am Telefon verleugnen lässt. Und jetzt Ernestine ..."

„Mama, bitte", sagte ich und meine Stimme klang auch fast böse.

„Ich mache mir Sorgen um dich, Serafina", fuhr meine Mutter fort.

Ich saß immer noch vor meinem Brot. Was sollte ich darauf tun? Es war Camembert da, aber der bestand ja praktisch allein aus Fett. *60% Fett!* Es stand sogar ganz groß und warnend auf der Schachtel.

Außerdem gab es italienische Salami, die aussah, als hätte sie in Fett gebadet, und riesige, wabbelige Mortadellascheiben mit runden, glänzenden Fettstückchen darin.

Und dann war da Marias Nutellaglas und ein Glas Marmelade.

Nutella war auch unmöglich, also nahm ich das Marmeladenglas und strich mir eine dünne Schicht Erdbeermarmelade auf mein Brot.

Ich sah, wie meine Mutter eine Notiz auf diese Liste machte. Danach schmierte sie mir ein Schulbrot. Sie nahm viel mehr Butter als ich und dann schnitt sie dicke Stücke Camembert ab. Zum Schluss legte sie mir scheinheilig noch ein Blatt Salat zwischen die beiden Brothälften und wickelte es in Frischhaltefolie.

„Danke", sagte ich. Das Brot würde ich natürlich nicht essen. Ich aß schließlich schon seit Monaten keine Schulbrote mehr. Aus den Augenwinkeln sah ich, wie meine Mutter noch einen Apfel und eine Banane neben das Brot legte.

Und dann blieb sie am Tisch sitzen, bis ich fertig war. Sogar beim Kakaotrinken schaute sie mir zu.

Ich hasste sie dafür.

Und hinterher joggte ich so lange im Park, bis ich mich zitternd an einen Baum lehnen musste. Ich würde zu spät zur ersten Stunde kommen, aber das war nicht so schlimm. Wir hatten nur Musik, da versäumte ich nicht viel.

Plötzlich fiel mir ein, dass ich Musik früher gerne gehabt hatte. Früher, als alles noch irgendwie anders gewesen war.

Aber ich schob den Gedanken schnell zur Seite. Hauptsache, ich versäumte die dritte und die vierte Stunde nicht. Da hatten wir Sport. Sport verbrauchte Kalorien. Vor allem

113

bei Frau Mack, die in den letzten Wochen immer Konditionstraining mit uns machte.

Heute Morgen hatte ich fünfzig Kilo gewogen.

Bald hatte ich es geschafft. Bald war ich schön dünn. Bald würde alles besser sein.

„Na, wieder beim Laufen?", sagte plötzlich die ältere Frau, die ebenfalls fast jeden Morgen hier lief und die mir bisher immer zugelächelt hatte.

Ich nickte und versuchte ein Lächeln. Aber selbst dazu war ich auf einmal zu erschöpft. Mein Gesicht fühlte sich taub und kraftlos an. Ich lehnte immer noch an dem Baum.

„Du solltest es nicht übertreiben, hörst du?", sagte die Frau und lächelte anders als sonst.

Ich gab keine Antwort.

„Prima, ganz toll, du hast dich sehr verbessert!", rief Frau Mack während des Konditionstrainings und lächelte mir anerkennend zu. „Das wird diesmal eine glatte Zwei im Halbjahreszeugnis. Weiter so, Serafina!"

Ich freute mich. Im letzten Zeugnis hatte ich eine Vier gehabt.

„Du hast ja auch toll abgenommen", sagte Luzie hinterher im Umkleideraum und musterte mich.

„Das stimmt", bestätigte Kira. Und auch die anderen schauten mich plötzlich an.

„Wie hast du das gemacht?", erkundigte sich Alia, die jetzt tatsächlich fast kräftiger als ich war.

Ich zuckte mit den Achseln. „Ich esse einfach ein bisschen weniger", sagte ich schließlich. „Und manchmal gehe ich joggen."

Plötzlich gehörte ich dazu. Mein Herz klopfte schneller vor Freude.

Als wir etwas später über den Schulhof liefen, roch die

Luft zum ersten Mal nach dem kommenden Frühling. Der Himmel war hellblau und ich ging langsam hinter den anderen her. Wie nebenbei hatten sie ihre Brote und Brötchen und Sandwiches ausgepackt. Ich sah sie abbeißen und kauen und schlucken und wieder abbeißen. Ich hatte das Gefühl zu verhungern. Ganz langsam schälte ich meine Banane und biss winzige Stücke davon ab. Früher hatte ich nie viel über das Essen nachgedacht und jetzt tat ich fast nichts anderes mehr.

Mein Magen knurrte, aber mein Schulbrot lag bereits im Mülleimer. Gleich heute früh, als ich aus dem Park gekommen war, hatte ich es weggeworfen.

Ich hatte Appetit auf ein Brot mit Butter und Streichkäse und Salami und auf Brathähnchen, auf Lasagne und ein Zigeunerschnitzel, auf Tortellini in Sahnesauce, auf Spaghetti, auf Pfannkuchen, auf Risotto mit Mozzarella, auf ...

Da sah ich Moses. Er stand am Ende des Schulhofes, ganz alleine, und schaute über die kleine Schulhofwiese ins Leere.

Er schien schon wieder dicker geworden zu sein. Und wie verrückt er angezogen war. Merkte er denn gar nicht, dass er sich freiwillig zum Gespött der anderen machte? Er trug ein rosa geblümtes, riesiges Hemd und dazu eine weite, zerfledderte, alte Jeans. An den Füßen hatte er alte, abgewetzte Bundeswehrstiefel, durch die er grüne, plüschige Schnürsenkel gezogen hatte. Seine Haare waren diesmal offen, sie lockten sich wirr und dunkel um seinen Kopf. Er sah aus wie ein trauriger Clown. Wie ein trauriger, einsamer Clown.

Langsam ging ich, obwohl ich es eigentlich gar nicht wollte, auf ihn zu. Aus der Ferne hörte ich die Schulklingel, aber Moses beachtete sie gar nicht. Als ich endlich neben ihm war, zuckte er zusammen. Trotzdem war er es, der zuerst etwas sagte.

„Du bist ja kaum wiederzuerkennen", sagte er. Seine Augen hinter der schwarzen Nickelbrille musterten mich.

„Moses ...", begann ich, aber ich wusste nicht weiter.

„Gefällst du dir jetzt besser, wo du dünn wie ein Strich bist, Serafina Giordano?", fuhr Moses fort.

Ich gab keine Antwort.

„Ich fand dich früher auch schön", sagte er leise.

„Aber nur du", sagte ich genauso leise.

Wir schauten uns an, ganz kurz nur, und ich musste wieder daran denken, wie Moses im vergangenen Herbst auf dem Schulhof von seinen Klassenkameraden in die Enge gedrängt worden war.

„Keiner mag Dicke, Moses", sagte ich vorsichtig.

„Du warst ja gar nicht dick", sagte Moses.

„Doch", sagte ich gereizt, aber Moses schüttelte den Kopf. „Du warst nur nicht so ... mager wie jetzt."

Wieder schauten wir uns an. Nach und nach wurde es windiger und die Frühlingsahnung in der Luft wurde fortgeweht.

Schließlich gab ich mir einen Ruck. „Moses, du solltest vielleicht auch ein bisschen abnehmen", sagte ich und sah ihn nicht an bei diesen Worten.

„Warum?", fragte er und zuckte mit den Achseln. „Vielleicht bin ich ja gerne fett. Ein fetter, einsamer Clown. Da haben die anderen wenigstens was zu lachen ..."

Es war merkwürdig, dass er fast genau das sagte, was ich gedacht hatte. Ich schaute ihn hilflos an. Mir war kalt und ich hatte schrecklichen Hunger und ich sehnte mich nach Fritz und Moses war mir fremd und rätselhaft geworden. Mein Magen knurrte.

„Ich habe dich gesehen, im Park beim Laufen", sagte Moses in diesem Moment. „Und ich mache mir Sorgen um dich."

„Blödsinn", murmelte ich.

„Soll ich dir mal sagen, was ich alles an dir mochte?", fuhr Moses fort.

„Wenn du willst", murmelte ich, obwohl ich nicht begriff, was das für einen Sinn haben sollte.

„Okay."

Moses nahm meine Handgelenke in seine dicken Hände und starrte mich konzentriert an. „Also, ich mochte die Art, wie du gelacht hast. Ich mochte es, wenn du mir von Italien erzählt hast. Ich mochte es, als du Bruno beigebracht hast, nicht mehr nach allem und jedem zu schnappen. Ich mochte deine hellblauen Augen. Und deine schönen Haare. Und deine zarte Haut."

Plötzlich ließ er meine Arme los und stürzte davon.

Ich blieb alleine zurück und fühlte mich völlig kraftlos.

Und dann musste ich zu unserer Hausärztin. Meine Mutter fuhr mich hin, einfach so.

„Was soll das? Ich bin nicht krank", murmelte ich gereizt.

Meine Mutter gab keine Antwort darauf.

Als ich aufgerufen wurde, stand meine Mutter mit mir auf.

„Nein, ich gehe alleine", fauchte ich.

Und dann ging ich alleine.

„Ich weiß gar nicht, was ich hier soll", sagte ich zu Frau Dr. Sommer, die meinen Puls maß und meinen Blutdruck. Anschließend prüfte sie meine Reflexe und schaute mir in die Augen, den Hals und die Ohren.

Zum Schluss musste ich mich auf eine Waage stellen.

„Na, du bist ja ein ziemliches Fliegengewicht, Serafina", sagte die Ärztin, lächelte mir zu und drückte mir eine Broschüre in die Hand. *Essstörungen erkennen und heilen*, stand darauf. Und dann durfte ich gehen.

„In vier Wochen würde ich dich gerne noch einmal sehen", sagte sie, als ich schon in der Tür stand. „Geht das in Ordnung?"

„Jaja", sagte ich und zog die Tür hinter mir zu.

Im Wartezimmer nahm ich meine Jacke und steckte die Broschüre unauffällig jemand anderem in die Manteltasche. Was sollte ich damit?

Alles wurde unwirklich und ich versank in einem Strudel aus verschwommenen Tagen. Endlich wurde es Frühling und ich fror nicht mehr so schrecklich. Das wenigstens nahm ich wahr. Die Sonne schien in mein Zimmer herein, in dem es schlecht roch. Die Waage war verschwunden, aber ich kaufte heimlich eine neue und versteckte sie in meinem Zimmer im Kleiderschrank.

Meine Mutter und mein Vater stritten wieder wegen der Frau aus Genua.

In der Firma gab es Probleme.

Maria stürzte vom Pferd und brach sich das Ellenbogengelenk. Sie musste zweimal operiert werden.

Ich wog neunundvierzig Kilo. Und dann siebenundvierzig Kilo. Und dann fünfundvierzig Kilo.

Ich war ständig müde und gewöhnte mich an die Bauchschmerzen, die ich auf einmal fast immer hatte.

Ich hatte wieder einen Termin bei unserer Hausärztin, aber ich ging nicht hin, und weil bei uns alles drunter und drüber ging in der letzten Zeit, merkte es keiner.

„Serafina, was ist los mit dir?", fragte Frau Schmidt, meine Klassenlehrerin.

„Nichts", sagte ich und wollte Luzie, Kira und Alia hinterher, die bereits hinausgegangen waren, die niemand im Klassenzimmer zurückhielt. Warum hackten alle immer auf mir herum?

„Du bist sehr dünn geworden", sagte Frau Schmidt und schaute mich an.

„Ich habe nur ein bisschen abgenommen", sagte ich.

„Du hast mehr als nur ein bisschen abgenommen", sagte Frau Schmidt.

Aber dann ließ sie mich gehen. Ich beeilte mich hinauszukommen, aber ich spürte ihren Blick wie ein Stechen in meinem Rücken. „Ich feiere heute Abend in meinen Geburtstag hinein", sagte Alia auf dem Hof. „Willst du auch kommen?"

Sie schaute mich an.

Ich nickte und konnte es kaum glauben. Zum ersten Mal luden mich die anderen ein. Das kam nur daher, dass ich nicht mehr so dick und schwerfällig und nicht mehr immerzu mit Moses zusammen war.

Mittags, beim Nachhausekommen, traf ich Ernestine im Treppenhaus.

„Hallo", sagte sie.

„Hallo", sagte ich.

Dann schwiegen wir wieder. Wir sahen uns in der letzten Zeit kaum noch. Ein paarmal hatte Ernestine bei mir geklingelt, aber meistens war ich an diesen Nachmittagen zu müde gewesen für Besuch. Und dann musste ich ja auch mein Gymnastikpensum schaffen und Hausaufgaben machen und gegen Abend joggte ich oft noch eine kleine Runde im Park.

Dann hatte Ernestine nicht mehr so oft geklingelt und ein paarmal hatte ich durch mein Fenster beobachtet, wie Lea gekommen war, um sie abzuholen.

Auch Fritz sah ich manchmal, wenn er sich draußen auf sein Rad schwang und davonfuhr. Es tat mir weh, ihn zu sehen, aber ich liebte ihn nicht mehr. Nein, ich verabscheute ihn für das, was er mir Nacht für Nacht in meinen

119

Träumen antat – wenn er mir dabei zusah, wie ich immer und immer dicker wurde, und sich dann angewidert abwandte. Außerdem hatte er ja dieses türkische Mädchen, das er liebte.

Ich wollte nichts mehr mit ihm zu tun haben. Aber ich würde es ihm schon zeigen. Ihm und allen anderen. Ich würde schön und schlank werden.

Ich würde es schaffen.

„Deine Mutter war gestern oben bei uns", sagte Ernestine an diesem Mittag im Treppenhaus und schaute mich merkwürdig an.

„Aha", sagte ich, mehr nicht. Ich wollte hinein in unsere Wohnung. Ich wollte etwas trinken und eine Kleinigkeit essen. Außerdem musste ich mein Zimmer aufräumen. Und ich war müde. Ich wollte mich eine Weile hinlegen und ausruhen. Und nachher würde ich in die Stadt fahren und ein Geschenk für Alia zum Geburtstag kaufen. Ich hatte beschlossen, ihr ein Buch, mein Lieblingsbuch, zu schenken. *Schlafes Bruder.* Moses hatte es mir mal geschenkt, als wir noch Freunde waren.

„Interessiert es dich gar nicht, was sie wollte?", fragte Ernestine.

Ich zuckte mit den Schultern.

„Es ging darum, dass du immer weiter abnimmst", sagte Ernestine trotzdem. „Deine Mutter macht sich Sorgen."

„So ein Blödsinn", sagte ich ärgerlich und fischte meinen Wohnungsschlüssel aus meinem Rucksack.

„Ich weiß nicht", sagte Ernestine.

Ich schloss die Tür auf. Keiner schien zu Hause zu sein, in der Wohnung war es still. Ob meine Mutter noch in der Berufsschule war?

„Serafina ...", sagte Ernestine, aber ich machte einfach schnell die Tür hinter mir zu. Einen Augenblick war es ganz still im Treppenhaus, dann hörte ich Ernestines Schritte davongehen. Sie hallten leise im Hausflur.

Zuerst trank ich in der Küche ein Glas Wasser. Das tat ich jeden Mittag, es beruhigte meinen hungrigen Magen für eine Weile. Dabei hatte ich in der letzten Zeit einen ganz anderen Hunger als früher, einen merkwürdigen Hunger. Einen Hunger, der aus Magenknurren und Bauchschmerzen und einem Gefühl von brennendem Wundsein in meinem Bauch bestand. Aber richtig Appetit auf etwas zu essen hatte ich trotzdem nicht. Der Gedanke an Spaghetti mit Sauce oder Pfannkuchen oder Bratkartoffeln machte, dass mir übel wurde. Ich ging in mein Zimmer und genoss die Stille in der Wohnung. Maria war noch im Krankenhaus, vorgestern war ihr Ellenbogengelenk zum zweiten Mal operiert worden.

Aber nichts war, wie es sein sollte, denn ich war nicht alleine. In meinem Zimmer saß meine Mutter. Sie saß auf der Kante meines Bettes und schaute mir stumm entgegen. Um sie herum sah es schrecklich aus. Mein Schrank stand sperrangelweit offen und die Schubladen meiner Kommode waren herausgezogen. Und alles, was darin verborgen gewesen war, lag nun im Zimmer verstreut.

Da war ein Teller mit alten Nudeln.

Und ein Teller mit alten Kartoffeln in Sauce und Bohnen.

Da war eine Dessertschale mit Karamellpudding und eine mit zerlaufenem altem Schokoladeneis.

Und neben meinem Mülleimer lagen die Reste von einem Frühstücksbrötchen und ein paar angebissene Brote.

Und fest in eine Tüte eingeknotet die Gemüsebratlinge von gestern.

„Serafina, bitte erkläre mir das", sagte die Stimme meiner Mutter leise.

„Was soll das? Warum durchsuchst du mein Zimmer?",

schrie ich fuchsteufelswild los und schlug die Schranktüren zu.

„Es hat gestunken, darum", sagte meine Mutter ausdruckslos und schaute mich weiter an. Ich dachte an das alte Foto von ihr, das bei meinem Vater auf dem Schreibtisch stand, in einem roten Rahmen. Es zeigte meine Mutter im Wind auf dem Kölner Dom und sie lachte und ihre Haare wehten um ihren Kopf herum und sie sah schön aus. Schön und jung und vergnügt. Jetzt war sie zu dick und zu traurig und lachte nicht mehr. Sie machte keine Diät mehr und seit mein Vater wieder mit der Frau aus Genua telefoniert hatte, ging sie auch nicht mehr in ihren Japanischkurs.

Was war nur los bei uns?

Meine Mutter war aufgestanden und hatte eine große Mülltüte aus der Küche geholt. Stumm kippte sie das ganze alte, verdorbene Essen fort. Ich sah zum Fenster hinaus, während sie das tat, und hasste sie. Wie kam sie dazu, meine Sachen zu durchwühlen?

„Serafina, du wirst nochmal zu Frau Dr. Sommer gehen", sagte meine Mutter schließlich in die Stille hinter meinem Rücken. „Und diesmal komme ich mit dir hinein."

Dann ging sie in die Küche und machte Mittagessen für uns. Die Geräusche aus der Küche waren Geräusche einer feindlichen Macht.

„Serafina, kommst du?"

Der Kampf konnte beginnen. Langsam öffnete ich die Küchentür. Meine Mutter hatte sich bereits an den Tisch gesetzt. Auf meinem Teller lagen drei große Kartoffeln, die untergingen in einem dicken See aus Sahnesauce, daneben lag ein Berg aus weich gekochtem Broccoli und neben diesem Gemüseberg ein fetttriefendes Spiegelei.

Niemals, niemals, niemals konnte ich das alles essen!

„Guten Appetit", sagte meine Mutter.

„Das ist zu viel", sagte ich leise. „Das schaffe ich nicht."

Ich sah, wie meine Mutter zu dem zugeknoteten Müllbeutel mit den Essensabfällen aus meinem Zimmer hinüberschaute, der neben der Tür stand und darauf wartete, dass ihn jemand hinunter in die große Mülltonne brachte.

„Doch, das schaffst du", sagte meine Mutter und kaute. Schon ihr Kauen machte, dass mir übel wurde.

„Bitte nicht, Mama", sagte ich leise und meine Stimme klang flehentlich. „Überhaupt, ich habe mir auf dem Heimweg von der Schule ein Käsebrötchen beim Bäcker geholt, weil ich gerade ... so hungrig war ..."

Ich schaute meine Mutter nicht an, während ich das sagte.

„Du lügst, Serafina", antwortete sie mir und ihre Stimme klang traurig.

„Nein, wirklich ...", begann ich und spürte, dass ich zitterte vor Nervosität.

„Iss jetzt, bitte."

„Es ist zu viel."

„Nein, es ist nicht zu viel."

Da fing ich an zu essen. Gleichzeitig weinte ich, weil ich so verzweifelt war. Warum zwang meine Mutter mich dazu, wieder dick und hässlich zu werden?

Tränen tropften in meinen Teller. Der Geruch des Essens machte mich fast verrückt vor Ekel. Ich hatte das Gefühl, brechen zu müssen, platzen zu müssen, fliehen zu müssen.

„Iss, Serafina", sagte meine Mutter jedes Mal, wenn ich die Gabel hinlegen wollte.

Und ich aß und aß und aß.

„Siehst du, es geht doch", sagte die Stimme meiner Mutter von der anderen Seite des Tisches. Die Stimme meines Feindes. Warum tat sie mir das an? Mein Gesicht war nass geweint und ich zog die Nase hoch und fühlte mich aufgebläht und abgefüllt und ... irgendwie misshandelt.

Meine Mutter hatte ihren Teller schon leer gegessen und stand auf, um zwei Joghurtbecher aus dem Kühlschrank zu holen. Wie benommen ließ ich meine Gabel auf den endlich leeren Teller sinken.

„Sieh mal, ich habe Vanille-Pfirsich-Joghurt gekauft, deinen Lieblingsjoghurt", sagte meine Mutter und räumte meinen leeren Teller in die Spülmaschine, einfach so, kommentarlos, als wäre alles in Ordnung zwischen uns, als hätte sie nicht eben meinen Willen gebrochen, um mich wieder in ein dickes, hässliches Monster zurückzuverwandeln.

„Den Joghurt esse ich später", sagte ich leise.

Meine Mutter schaute mich an, lange und unschlüssig, dann nickte sie. „In Ordnung", sagte sie und reichte mir den kleinen, gelben Plastikbecher. „Aber ich vertraue darauf, dass du ihn nicht wieder irgendwo versteckst." Ich sah, wie sie den Joghurt in die Liste an der Wand eintrug – so, als hätte ich ihn bereits gegessen.

„Ja", murmelte ich, floh in mein Zimmer und verschloss die Tür. Hier war meine Welt. So schnell wie möglich holte ich die Abführtabletten aus ihrem Versteck oben auf dem Schrank in einer alten Blechdose und drückte mir zwei Stück aus der Aluminiumverpackung. Ich schaffte es, sie ohne Wasser zu schlucken. Hinterher atmete ich auf. Dieses ganze schreckliche, fettige Essen würde durch meinen Körper rutschen, ohne mir etwas anzutun.

Blieb nur noch der Joghurt. Ich steckte ihn in meine Jacke. Nachher, wenn ich in die Stadt ging, würde ich ihn mit hinausschmuggeln und draußen loswerden.

Schnell legte ich mich auf meinen weichen Teppich und

machte meine Gymnastik. Mein Bauch fühlte sich prall gefüllt und aufgedunsen an. Ich ekelte mich vor mir selbst und während ich meine Sit-ups machte, weinte ich schon wieder.

Ich ging in die Stadt. Den kleinen Joghurtbecher warf ich unterwegs in einen Mülleimer an einer Straßenkreuzung. In meinem Bauch rumorte es schmerzhaft. Das waren die Tabletten, die mir halfen, alles wieder loszuwerden, mich von all dem Fett zu befreien. Darum störte mich der Schmerz nicht – im Gegenteil, er beruhigte mich. Mühsam ging ich die Hauptstraße entlang. Eigentlich hatte ich mit dem Fahrrad fahren wollen, aber dazu fühlte ich mich zu schwach. In der letzten Zeit ließ mich mein Kreislauf ab und zu für einen Moment im Stich. Dann wurde mir schwarz vor Augen, ganz kurz bloß. Einmal war mir das beim Radfahren passiert, genau auf einer Kreuzung, und ich war in Panik geraten.

Auch jetzt hatte ich Kreislaufprobleme. Sterne tanzten vor meinen Augen, wenn ich zu schnell lief.

Erschöpft erreichte ich die Innenstadt und steuerte eine Buchhandlung an. Aber das Buch, das ich suchte, war nicht vorrätig. Ärgerlich ging ich zu einer anderen Buchhandlung. Unterwegs sah ich überall essende Menschen. Die Stadt war voll von ihnen.

Warum aßen die Menschen eigentlich immerzu? Zu jeder Tageszeit? An jedem Ort?

Es roch auch überall nach Essen. Brezeln, Bratwürste, Kartoffelpuffer, Pizza, Pommes ... Und alle Gerüche vermischten sich zu einem stinkenden Dunst, der einem auf Schritt und Tritt folgte. Ich wurde immer nervöser. Und mein Bauch schmerzte mehr und mehr.

Auch in der zweiten Buchhandlung hatten sie das Buch nicht.

Draußen blieb ich unschlüssig stehen. Mein Bauch, voll gestopft mit Kartoffeln, Sahnesauce, Gemüse und Ei, schien in Flammen zu stehen. Am liebsten hätte ich mich auf der Stelle hingelegt und zusammengekauert, ganz klein zusammengerollt. Wieder tanzten Sterne vor meinen Augen. Und wieder stach mir etwas in meinen aufgedunsenen Bauch.

„Aua", wimmerte ich und horchte in mich hinein. Es rumpelte und rumorte immer heftiger – und plötzlich wusste ich, was passieren würde.

Ich brauchte schnellstmöglich eine Toilette. Voller Panik sah ich mich um. Was sollte ich tun? Konnte ich einfach so in einen Laden gehen und dort darum bitten, die Toilette benutzen zu dürfen? Peinlich war das. Und was war, wenn ich es nicht mehr rechtzeitig schaffen würde? Wenn ich mir vor allen Menschen in die Hose machte?

Wieder krampften sich meine Gedärme zusammen. Was sollte ich bloß tun? Ich schaute verzweifelt die Straße entlang. Da war ein Fischgeschäft. Daneben ein Juwelier. Dann kam ein Jeansladen. Und dann ein Döner-Kebab-Imbiss.

Wohin sollte ich gehen? Und warum war nirgends ein Café? Wo war überhaupt das nächste Café? Oder ein Restaurant?

Aber jetzt war es sowieso gleich zu spät. Gleich würde ich mir hier, mitten in der Innenstadt, in die Hose machen.

Ich schwitzte so, dass mir der Schweiß über den Rücken lief. Ich fühlte ihn zwischen meinen verspannten Schulterblättern hindurchrinnen.

Der Jeansladen? Durch das breite Schaufenster sah ich einen hübschen, jungen Verkäufer. Unmöglich, ihn zu fragen.

Der Juwelier? Ich schaute durch die Tür. Eine ältere, streng aussehende Verkäuferin in einem feinen Kostüm musterte mich so feindselig, als befürchte sie, ich wolle auf der Stelle den Laden ausrauben.

Der Döner-Imbiss? Nur Männer waren darin.

„Bitte, kann ich mal Ihre Toilette benutzen?", fragte ich schließlich voller Panik eine ältere Frau, die eine weiße Schürze trug und hinter einem Verkaufstresen stand, in dem lauter tote Fische lagen. Der Gestank im Laden jagte mir eine Welle Übelkeit durch den Körper und meine Stimme klang, als würde ich gleich losweinen.

„Ja, natürlich dürfen Sie das ...", sagte die Frau freundlich und lächelte mir zu.

Sie ging langsam zum anderen Ende der Theke und reichte mir dort einen Schlüssel, der neben der Kasse an einem Haken hing. „Dahinten, neben der Treppe, die grüne ..."

„Danke", rief ich und stolperte wie von Sinnen durch die grüne Tür, auf die die Fischverkäuferin gedeutet hatte. Verzweifelt zog ich mir in der kleinen Toilettenkabine die Hose herunter, aber da begann die Bescherung bereits. Ich taumelte auf den Toilettensitz und hatte den schlimmsten Durchfall meines Lebens.

Hinterher stopfte ich meine schmutzige Unterhose unglücklich in den kleinen Mülleimer, der dort neben der Toilette stand. Auch meine Beine hatten etwas abbekommen. Ich ekelte und schämte mich. Aber wenigstens war mein Körper das widerliche, fettige Zeug wieder los. Mit nassem Toilettenpapier wischte ich mich notdürftig sauber.

Danach wankte ich so schnell wie möglich nach Hause und stellte mich unter die Dusche. Ich zitterte von Kopf bis Fuß. Ein Geschenk für Alia hatte ich nicht. Aber das war mir jetzt egal. Dann blieb ich eben zu Hause.

Ich war sowieso schrecklich müde und sehnte mich nach meinem Bett. Ich fror sogar noch unter dem heißen Wasser der Dusche. Meine Zähne schlugen klappernd aufeinander, während ich mich wie verrückt wusch. Mein Bauch tat jetzt nicht mehr weh. Er war wieder leer und still und flach. Irgendwann atmete ich auf und befühlte meine Rippen, eine nach der anderen, erst den linken Rippenbogen und dann den rechten Rippenbogen. Anschließend fuhr ich prüfend über meine Beckenknochen und meine Oberschenkel, bis zu meinen schmalen Knien. Ja, ich wurde allmählich schlanker. Und es war ein Glück, dass ich heute Mittag die beiden Tabletten genommen hatte.

Bald war ich dünn.

Und dann brauchte ich die Tabletten nie mehr zu nehmen. Dann würde alles gut sein.

Erschöpft stieg ich aus der Dusche, hüllte mich in meinen Bademantel und ging in mein Bett.

„Wo warst du denn gestern?", fragte Alia mich am nächsten Tag auf dem Schulhof.

„Mir ging es nicht so gut, ich hatte Kopfschmerzen", log ich schnell. Aber eigentlich log ich gar nicht. Ich hatte tatsächlich Kopfschmerzen und mir war von Kopf bis Fuß eiskalt. Vielleicht bekam ich ja eine Grippe. Ernestine lag auch mit einer Erkältung im Bett. Ich hatte ihre Mutter heute früh im Treppenhaus getroffen.

„Du siehst auch ziemlich blass und elend aus, genauso hat es bei Ernestine angefangen", hatte sie zu mir gesagt und mir zum Abschied zugewinkt. Fritz war zum Glück nirgends zu sehen gewesen.

„Schade, es war nämlich total lustig", sagte Alia und lächelte mich an. „Wir haben einen Riesentopf Käsefondue gemacht und gefuttert, bis wir fast geplatzt wären ..."

Zum Glück bin ich gestern Abend zu Hause geblieben!
Tief in mir drin atmete ich erleichtert auf.

Wir schrieben an diesem Vormittag eine Deutschklausur, aber ich konnte mich einfach nicht konzentrieren. Mein Magen knurrte in der stillen Klasse so laut, dass ich Angst hatte, die anderen würden es hören. Nervös scharrte ich mit den Füßen oder räusperte mich oder hustete leise, wenn mein Magen sich meldete.

„Serafina, ist dir nicht gut?", fragte Frau Schmidt irgendwann und kam zu meinem Platz. Sie warf einen Blick auf die leeren Blätter vor mir.

„Was ist los? Du hast ja noch gar nicht angefangen ..."

„Mir ... mir ... mir ist nicht gut", sagte ich. Vor meinen Augen drehte sich der Klassenraum und in diesem wirren Strudel tanzten helle Sterne.

Ich sah, dass Frau Schmidt mich musterte. Und dann schickte sie mich nach Hause.

In der Wohnung war es still. Ich ging gleich in mein Zimmer und kroch in mein Bett. Von draußen schien die Sonne herein und ich dachte daran, dass Maria heute aus dem Krankenhaus zurückkommen würde. Aber dann vergaß ich Maria wieder, denn mein Bauch krampfte sich zusammen vor Hunger. Ich hatte zum Frühstück nur eine Tasse Tee getrunken. Meine Mutter hatte es zum Glück nicht mitbekommen, weil sie schon vor mir aus dem Haus gegangen war. Zweiundvierzig Kilo hatte ich heute Morgen gewogen. Und in die Liste an der Wand hatte ich eingetragen:
1 Brötchen mit Butter und Frischkäse.

Vorsorglich hatte ich ein Brötchen und ein Stück Butter und eine Ecke Frischkäse in eine Tüte gepackt und auf dem Schulweg weggeschmissen.

Warum fror ich bloß so sehr? Ich wickelte mich so fest

wie möglich in meiner Bettdecke ein und lag ganz still da. Durch das Fenster konnte ich ein paar Vögel zwitschern hören und im Hof unten gurrten Tauben.

Schön hörte sich das an. Ich kuschelte mich zwischen meine Kissen und versuchte, ein bisschen zu schlafen.

Warum wurde mir bloß nicht wärmer? Die Augen fielen mir zu, aber einschlafen konnte ich dennoch nicht. Dabei war ich die halbe Nacht lang wach gewesen. Immer wieder hatte ich zur Toilette laufen müssen, fast bis zum Morgen hatte der Durchfall nicht aufgehört. Ob ich jetzt eine Kleinigkeit essen sollte? Vorsichtig stand ich auf und ging langsam in die Küche. Im Flur wurde mir wieder schwindelig und ich musste mich einen Augenblick an die Wand lehnen. Aber dann hatte ich es geschafft. Unschlüssig schaute ich in den Kühlschrank. Nein, ich würde lieber nichts essen. Besser, ich machte mir eine Tasse Gemüsebrühe. Meine Finger waren klamm und zitterten, aber schließlich saß ich da und trank in kleinen Schlucken die Brühe.

Wahrscheinlich bekam ich tatsächlich eine Erkältung.

In dem Moment klingelte unser Telefon. Ich ließ es klingeln. Am Vormittag rief sowieso niemand für mich an. Und selbst am Nachmittag kamen, seit Moses und ich nicht mehr befreundet waren, kaum noch Anrufe für mich. Ich hörte, wie der Anrufbeantworter ansprang. Am anderen Ende der Leitung war meine Klassenlehrerin, die sich erkundigen wollte, ob ich gut zu Hause angekommen sei. Und dann bat sie meine Mutter um Rückruf und sagte, sie solle bitte baldmöglichst zu einem Elterngespräch in die Schule kommen. Ich runzelte die Stirn.

Was sollte denn das? Noch nie war so etwas vorgekommen. Ob es wegen der schlechten Noten war, die ich in der letzten Zeit schrieb? Nervös stand ich auf, räumte die leere Tasse in die Spülmaschine und löschte die Nachricht. Als ich gerade auf dem Weg zurück in mein Bett war, klingelte es an der Wohnungstür. Was war denn heute los? Widerwillig öffnete ich die Tür einen Spaltbreit. Es war Ernestine.

„Ich habe dich vom Fenster aus gesehen, als du nach Hause gekommen bist", erklärte sie und kam, ohne mich zu fragen, herein. Sie trug einen Bademantel und einen dicken Schal um den Hals und an den Füßen hatte sie dicke, graue, plüschige Elefantenhausschuhe. Ich hatte die gleichen und Fritz hatte auch so ein Paar. Ernestine und ich hatten sie im vergangenen Herbst bei einem Einkaufsbummel in der Stadt zufällig gefunden und gekauft. Ich war plötzlich verwirrt. In einem ganz anderen Leben war das gewesen, schien es mir.

Die eine Welt war Italien gewesen. Die nächste meine Zeit mit Moses. Dann eine lustige Welt mit Ernestine. Es war die Zeit gewesen, als ich in Fritz verliebt gewesen war.

Aber wo war ich jetzt?

Ich fror immer mehr und zog meine Strickjacke enger um mich.

„Bist du auch krank?", fragte Ernestine hustend und ging in mein Zimmer, zum ersten Mal seit einer Ewigkeit war sie wieder da. Zögernd folgte ich ihr und kroch zurück in mein Bett.

Ernestine setzte sich neben mich und sah mich an. „Also, ich habe Hals- und Ohrenschmerzen und Husten", zählte sie auf und verzog das Gesicht. „Was hast du zu bieten?"

Ich zuckte mit den Achseln. „Kopfschmerzen", sagte ich schließlich leise. „Nur Kopfschmerzen."

„Oje, dann haben wir also nicht mal dieselben Viren ..." Ernestine lachte. „Dann geb ich dir ein paar von meinen Viren ab und du mir ein paar von deinen, okay? – Zusammen leiden macht doch mehr Spaß."

131

Wir schauten uns an.

„Serafina, darf ich dir mal was sagen", sagte Ernestine dann plötzlich und ich wusste sofort, dass ich das nicht wollte.

„Was?", fragte ich trotzdem.

„Serafina, du hast wahnsinnig viel abgenommen", fuhr Ernestine langsam fort. „Und du hast dich insgesamt sehr verändert. Fritz sagt das auch. Er findet ..."

„Ach, hör doch auf!", unterbrach ich Ernestine schnell. Ich wollte davon nichts hören. „Warum müsst ihr eigentlich alle auf mir herumhacken? Du bist doch auch dünn. Und Lea ist dünn. Und diese Laila ist noch viel dünner ..."

„Nein, nicht mal sie ist so dünn wie du", sagte Ernestine und ich hasste sie für diesen Blödsinn. Sie sollte mich in Ruhe lassen. Alle sollten mich in Ruhe lassen. Nur weil ich es endlich geschafft hatte, ein bisschen abzunehmen, regten sich alle auf. Aus irgendeinem idiotischen Grund war ich anscheinend jedem als dickes Ungetüm lieber gewesen.

„He, Serafina ...", sagte Ernestine.

„Lass mich bitte in Ruhe", sagte ich.

„Aber ...", setzte Ernestine an.

„Nein, kein Aber!", fauchte ich gereizt.

Da stand Ernestine auf und ging. Und ich schlüpfte in meine Jacke und ging eine Runde laufen. Ein bisschen Bewegung würde mir ganz sicher guttun. Frische Luft war schließlich gesund.

Ich rannte und rannte und rannte.

Als ich wieder zu Hause ankam, war ich nicht mehr alleine. Meine Mutter hatte Maria aus dem Krankenhaus abgeholt und Oma war auch zu Besuch.

„Hallo Serafina, wir sind in der Küche", rief meine Mutter. „Ich mache Pfannkuchen, in ein paar Minuten können wir essen."

Ich floh ins Badezimmer, damit keiner mein Zittern sehen konnte. Was war nur los mit mir? Meine Arme und Hände und Finger zitterten wie verrückt. Schnell verriegelte ich die Tür und setzte mich auf den Boden. Nicht mal den Kopf konnte ich ruhig halten.

„Serafina, kommst du?" Meine Mutter klopfte an die Tür.

„Ja, gleich ...", rief ich ärgerlich. Auch meine Stimme zitterte.

„Ist alles in Ordnung?"

„Ja!", fauchte ich.

Der Geruch nach in Butter herausgebackenen Pfannkuchen drang bis zu mir hinein. Langsam und vorsichtig stand ich wieder auf. Aus dem Badezimmerspiegel schaute mir mein Spiegelbild entgegen.

Ich bürstete meine Haare und putzte meine Zähne und cremte mein Gesicht ein und zog einen dünnen blauen Kajalstrich unter meine Augen.

Allmählich wurde das Zittern weniger. Ich trank schnell einen Zahnputzbecher voll Wasser und schlich in mein Zimmer. Dort holte ich mir eine Abführtablette und schluckte sie vorsorglich. Dann erst ging ich in die Küche zu meiner Mutter und meiner Oma. Maria war schon fertig und telefonierte im Flur mit einer Freundin.

Langsam und widerwillig aß ich einen Pfannkuchen.

„Schmeckt's?", fragte meine Mutter.

„Ja", sagte ich, weil ich wusste, dass sie das hören wollte.

„Nimm doch noch einen", sagte meine Oma.

„Nein, danke", sagte ich.

„Wie war es in der Schule?"

„Wie immer."

Mit keinem Wort erwähnte ich, dass Frau Schmidt mich nach Hause geschickt hatte. Und ihren Anruf erwähnte ich auch nicht.

Aus den Augenwinkeln sah ich, dass meine Mutter den Pfannkuchen, den ich gegessen hatte, in ihrer blödsinnigen Liste vermerkte.

Wie idiotisch das doch alles war.

„Serafina, trink bitte deinen Kakao aus."

„Hör auf, die Marmelade derart dünn auf dein Brot zu kratzen."

„Nimm noch eine Kartoffel, bitte."

Das Leben wurde immer schwieriger.

Ich musste immer neue Abführtabletten kaufen.

Dann kaufte ich heimlich ein Glas Diätmarmelade und zupfte sorgfältig das Etikett davon ab. Anschließend löste ich mit Wasserdampf das Etikett vom alten Marmeladenglas und klebte es auf das Glas mit der Diätmarmelade.

„Die Marmelade schmeckt komisch", sagte Maria ein paar Tage später. Aber sonst merkte keiner etwas. Und ich aß erleichtert die hereingeschmuggelte, verkleidete Diätmarmelade.

„Du hast morgen deinen Termin bei Frau Dr. Sommer", sagte meine Mutter einmal.

Aber dann kam alles anders. Es war die Frau in Genua, die mich rettete vor dem lästigen, blödsinnigen Arzttermin.

„Sie bekommt in sechs Wochen ein Kind?", flüsterte meine Mutter am Abend im Schlafzimmer. „Giorgio, sag, dass das nicht wahr ist ..."

„Es ist nicht von mir, Amanda, das schwöre ich dir", flüsterte mein Vater.

Ich stand wie erstarrt vor der angelehnten Tür.

„Aber *sie* hat zu mir am Telefon gesagt, dass es *dein* Kind ist!", flüsterte meine Mutter und ihre Stimme zitterte. Gleich würde sie weinen.

Sie stritten die halbe Nacht und irgendwann klappte unsere Wohnungstür und mein Vater war gegangen.

Und mein Arzttermin verstrich unbemerkt.

Und dann traf ich Fritz im Treppenhaus. Aber nicht alleine, sondern in Begleitung seiner Freunde, die auch an seinem Geburtstag im Winter gekommen waren.

„Hallo Serafina", sagte Fritz und schaute mich merkwürdig an. Ich wich seinem Blick aus und mein Herz klopfte schneller. Dabei war ich doch gar nicht mehr in ihn verliebt, da war ich mir sicher.

„Hast du mal Zeit in den nächsten Tagen?", fuhr er fort, und sein Blick blieb merkwürdig. Ich musste daran denken, wie er Laila an seinem Geburtstag angesehen hatte.

„Ich ... ich weiß nicht", sagte ich nervös.

„Wir wollten doch den Film zusammen anschauen, den du mir zum Geburtstag geschenkt hast. Schon vergessen?"

„Nein." Ich schüttelte den Kopf.

„Was hältst du von heute Abend?", schlug Fritz vor.

„Ja. Nein. Vielleicht ...", stotterte ich und wurde immer nervöser.

Seine Freunde waren schon weitergegangen.

„Los, Fritz, beeil dich!", rief einer von ihnen.

„Was macht er denn da oben so lange?", fragte ein anderer ungeduldig.

„Quatscht mit diesem Knochengerüst", sagte ein Dritter und dann lachten sie.

Fritz und ich sahen uns noch für einen winzigen Moment an, dann schaute ich zur Seite.

„Sorry", sagte Fritz leise, aber da hatte ich mich schon umgedreht und war in unserer Wohnung verschwunden.

135

Ich war nicht zu Fritz gegangen, obwohl er bei mir geklingelt hatte am Abend. Zuerst er und dann Ernestine.

Aber ich war in meinem Zimmer und lag auf meinem Bett und rührte mich nicht. Meiner Mutter hatte ich gesagt, dass ich meine Tage hätte und mich nicht wohl fühlte deswegen. Ich hörte, wie meine Mutter an der Tür zu Fritz sagte, dass ich mich nicht wohl fühlen würde. Von meinen Tagen sprach sie natürlich nicht.

Meine Tage ...

Ich hatte dagelegen und versucht, mich daran zu erinnern, wann ich sie das letzte Mal gehabt hatte. Es musste Wochen her sein. Komisch, sonst kamen sie doch immer ziemlich regelmäßig.

Mein Magen knurrte und fühlte sich wund vor Leere an und ich vergaß meine verschwundenen Tage wieder.

Beim Abendbrot saß ich am Tisch und starrte auf das Stück Omelett, das meine Mutter auf meinen Teller gelegt hatte. Mein Vater schlief immer noch in der Firma und als das Telefon klingelte, ging meine Mutter ins Wohnzimmer.

„Schau, dass sie weiterisst", sagte sie zu Maria, so, als wäre Maria ihre Komplizin und nicht meine kleine Schwester.

Maria sah zu mir hinüber und nickte schwach. Ihr eingegipster Arm lag in ihrem Schoß.

Dann waren wir alleine.

Sofort stand ich auf, leerte meinen Teller in den Biomülleimer und quetschte das Stück Omelett tief zwischen die anderen Abfälle darin.

„Spinnst du?", sagte Maria.

„Lass mich", sagte ich.

„Und Mama? Was soll ich ihr sagen, wenn sie wiederkommt? Warum machst du so einen Quatsch?"

Wir schauten uns an, aber ich hatte eine Waffe.

„Ich habe vorhin gehört, was du am Telefon Nina erzählt hast", sagte ich leise. Nina war Marias beste Freundin.

„Du bist heute geritten, obwohl du das mit dem Gips nicht darfst. Dein Ellenbogen ist noch nicht verheilt. Wenn du drauffällst, war die ganze Operation umsonst."

Maria verstand, was ich meinte. Und darum verriet sie mich nicht.

Es regnete seit Tagen. Noch nie hatte ich einen so verregneten Frühling erlebt. In zwei Monaten würde ich fünfzehn werden.

Heute Morgen hatte ich einundvierzig Kilo gewogen.

„Serafina, was ist mit deinen Eltern? Ich hatte um Rückruf gebeten", sagte meine Klassenlehrerin zu mir.

„Keine Ahnung", sagte ich gereizt und ging davon.

In Religion schauten wir einen Film über Afrika. Unser Religionslehrer hatte die Rollläden heruntergelassen und in der Klasse war es dunkel. Ich saß zwischen Cornelius und Alia.

Über den Bildschirm flimmerten dürre schwarze, hungernde Kinder. Eine dünne Frau hielt ihr Baby im Arm und weinte leise. Das Baby war tot. Um seinen Kopf schwirrten Fliegen.

„He, Serafina, das bist ja du!", rief Benedikt plötzlich. Ein paar meiner Klassenkameraden lachten. Ich musste daran denken, dass sie früher schon mal so über mich gelacht hatten. Damals hatten sie mich Fettsau genannt.

„Ruhe!", rief unser Religionslehrer.

„Achte nicht auf Benedikt, er ist ein Ekel ...", flüsterte mir Alia zu.

Nach Religion hatten wir aus, weil die letzten beiden Stunden an diesem Tag ausfielen.

„Wollen wir in die Stadt bummeln gehen?", fragte Kira.

„Oder Eis essen?", überlegte Alia und schaute in die Runde.

„Kommst du auch mit?", fragte mich Luzie, aber ich schüttelte den Kopf und ging schnell davon. Ich wollte die Zeit lieber nutzen und eine Runde laufen, ehe ich nach Hause zum Mittagessen musste.

Als ich losrannte, begann es zu regnen, und ich spürte, wie ich aus unerfindlichen Gründen anfing zu weinen. Das kalte Regenwasser in meinem Gesicht mischte sich mit den warmen Tränen und vor meinen Augen verschwamm alles.

Und plötzlich war da Moses.

„Serafina, warte!", rief er und hielt mich am Arm fest.

Ich zuckte zusammen vor Schreck. Warum war Moses im Park?

„Nein, lass mich, ich will laufen", keuchte ich und riss mich los.

„Bitte, nur einen Moment!"

Moses ließ mich nicht los. Widerwillig blieb ich stehen. Der Regen prasselte auf unsere Köpfe. Allerdings steckte Moses wieder in seinem dunklen Wollponcho und trug Gummistiefel in Zebramuster. Ich hatte nur eine dünne Jeansjacke an. Regen tropfte aus meinen Haaren.

„Also, was willst du?", fragte ich nicht sehr freundlich den nassen, vermummten Berg, der früher mal mein bester Freund gewesen war. Moses' Brillengläser waren voller Regentropfen, genau wie sein Gesicht. Fast sah es so aus, als würde er weinen. Aber das tat er nicht. Und ich auch nicht. Wenigstens nicht mehr.

„Serafina, ich ... ich ..." Moses schaute mich an und schwieg wieder.

„Was?", fragte ich ungeduldig.

„Du bist so wahnsinnig dünn geworden", sagte Moses leise.

„Na und?", fuhr ich ihn an. „Was geht es dich an? Was ist daran schlimm, wenn ich ein bisschen abnehme? Du wirst dafür immer dicker und dicker! Ist das vielleicht besser? Du willst ja bloß, dass ich wieder fett bin und du mich wiederkriegst ..."

Moses zuckte zusammen, als ich das sagte, das sah ich.

„Alle anderen dürfen dünn sein", schrie ich in den Regen hinein und war plötzlich furchtbar wütend. „Nur ich nicht! Warum nicht, kannst du mir das mal sagen?" Am liebsten hätte ich ihn in sein selbstgefälliges, rundes Gesicht geschlagen.

„Aber du bist schon viel dünner als alle anderen, siehst du das denn nicht?", sagte Moses und auf einmal klang seine Stimme auch wütend.

„Schön wär's, du fetter, idiotischer Spinner!", fauchte ich und trat einen Schritt zurück. Ich wollte weg von Moses, ich wollte laufen, ich musste mich bewegen. Nachher würde meine Mutter mich wieder beim Mittagessen bewachen und in ihre Liste schreiben, wie viel ich gegessen hatte. Gerade gestern hatte ich in einem meiner Diätbücher gelesen, dass es die einfachste Sache der Welt war, in einer einzigen Woche ganze sechs Kilo zuzunehmen. Verdammt, ich musste aufpassen. Ich hatte keine Zeit, hier mit Moses herumzustehen.

„Serafina, ich ...", sagte Moses.

Hörte das denn nie auf? Was musste ich noch alles sagen, ehe er mich endlich in Ruhe ließ?

„Hör endlich auf, mir hinterherzuspionieren, Moses!", schrie ich und rannte los. „Ich will dich nicht mehr, hörst du? Ich will nichts mehr mit dir zu tun haben!"

Alles verschwamm vor meinen Augen, aber ich rannte trotzdem immer weiter.

Maria hatte mich doch verraten, warum auch immer, dabei war die Sache mit dem Omelett schon über eine Woche her.

„Serafina, stell dich auf die Waage!", schrie meine Mutter, als ich nach Hause kam.

Ich war von Kopf bis Fuß nass geregnet und zitterte vor Kälte. Aber Frieren war gut, es verbrauchte Kalorien.

„Was soll das?"

„Du wirfst schon wieder heimlich Essen weg!", schrie meine Mutter und zog mich am Arm ins Wohnzimmer. „Maria hat es mir erzählt."

„So, hat sie dir auch erzählt, dass sie längst wieder heimlich reitet, trotz ihrer Armverletzung?", fauchte ich und meine Zähne schlugen aufeinander vor Kälte und Aufregung.

Ich sah, wie meine Mutter die verschwundene Waage aus dem Wohnzimmerschrank zerrte. Sie hatte sie tatsächlich vor mir versteckt!

„Darum geht es jetzt nicht, Serafina!", schrie sie dabei.

„Klar, weil bei Maria immer alles in Ordnung ist!", schrie ich zurück. „Aber ich darf nicht mal eine völlig harmlose Diät machen! Ich soll für den Rest meines Lebens ein dickes, hässliches Monster sein!"

Für einen Moment war es ganz still zwischen uns.

„Zieh dich jetzt bitte aus und stell dich auf die Waage, Serafina!", sagte meine Mutter und schrie endlich nicht mehr.

„Nein, ich will nicht!", sagte ich.

Meine Mutter riss an meiner Jacke.

„Hör sofort auf! Hier im Wohnzimmer kann doch jeder reinschauen ..."

Meine Mutter zog mit einem Ruck die bunten Vorhänge zu. Orangefarbene und rote Kamele waren darauf – Ikea-Stoff.

Die Kamele wackelten fröhlich hin und her.

„Ich ziehe mich nicht aus!", sagte ich trotzdem und starrte auf die Kamelkarawane.

„Dann fahre ich dich jetzt auf der Stelle zu Frau Dr. Sommer ..."

„Mama, bitte ..."

„Ausziehen, Serafina. Ich möchte wissen, wie viel du wiegst ..."

Widerwillig zog ich irgendwann die nasse Jacke aus und ließ sie auf den hellen Dielenboden fallen. Darunter trug ich ein Sweatshirt und unter dem Sweatshirt ein T-Shirt. Und darunter ein Unterhemd und ein Bustier.

Alles zog ich nach und nach aus und sehnte mich danach, mich in meinem warmen Bett zu verkriechen, alleine zu sein. Tränen liefen über mein kaltes Gesicht. Zum Schluss kam meine neue Jeans dran, die ich mir vor ein paar Wochen gekauft hatte. Seit ein paar Tagen trug ich sie mit einem Gürtel und wenn ich noch ein bisschen abnahm, konnte ich die Schnalle bald im letzten Loch zumachen. Dann war ich wirklich einigermaßen schlank und dann würde ich aufhören mit meiner Diät. Dann würde ich meine Eltern damit überraschen, eine Riesenschüssel Spaghetti Bolognese für uns alle zu kochen. Und vielleicht würde ich auch Ernestine dazu einladen. Oder Luzie, Kira und Alia. Das wäre ein schöner, lustiger Tag geworden, aber jetzt verdarb meine Mutter alles.

Meine Zähne schlugen immer noch aufeinander und ich hatte von Kopf bis Fuß Gänsehaut.

„Serafina!", riss mich meine Mutter aus meinen Gedanken. „Serafina, um Himmels willen, wie dünn du bist!"

Ihre Stimme wackelte und plötzlich weinte sie. „Ich traue mich ja kaum, dich anzufassen", sagte sie und streichelte meinen nackten Arm. Ihre Hand war kalt. Und dann musste ich mich vor ihren Augen auf die Waage stellen. Ich zitterte.

141

„40,5 Kilo! Serafina, bist du denn völlig verrückt?"

Wir schauten uns an. „Warum?", fragte ich leise. „Ich gefalle mir so. Und Maria ist doch auch dünn. Und die Mädchen in meiner Klasse. Schau dir doch die Models in den Zeitungen an. Alle sind dünn, Mama!"

„Aber nicht so ... dürr. Und sie hungern nicht wie du! Du isst ja kaum noch einen Bissen. Dein Körper braucht Vitamine und Mineralstoffe und Kohlenhydrate. Du wächst doch noch. Du kannst nicht nur von ein bisschen Obst und ungesüßtem Tee leben!"

Wir schauten uns an.

„Ich kann dich kaum ansehen, Serafina!", flüsterte meine Mutter irgendwann.

Da floh ich in mein Zimmer. Ich fror wie verrückt und ich wollte alleine sein. Unglücklich kroch ich in mein Bett und blieb dort bis zum nächsten Tag.

Ich hörte meine Mutter in der Diele mit meinem Vater telefonieren. Und dann war er plötzlich da und sprach in der Küche mit meiner Mutter. Danach brachte er mir ein Tablett mit dem Mittagessen in mein Zimmer. Mir fiel auf, dass ich ihn seit Tagen nicht gesehen hatte.

„Serafina, das sind ja Geschichten! Du musst essen", sagte er und sah besorgt aus. Aber worüber machte er sich Sorgen? Um mich? Um unser Familienleben? Oder um die Sache mit der Frau aus Genua, die bald ein Baby bekam, von dem sie sagte, es sei das Kind meines Vaters?

„Jaja", sagte ich und schaute zu, wie er das Tablett neben mich stellte. Ein Teller mit einem Berg Tortellini in Sahnesauce stand darauf und ein Nachtischschälchen mit Tiramisu.

Angeekelt starrte ich darauf und als er gegangen war, leerte ich beides in eine Plastiktüte und versteckte es so gut wie möglich, ein längst vertrautes Ritual.

Abends bekam ich wieder ein Tablett. Eine dicke Scheibe Brot mit Butter und zwei Scheiben Käse und dazu eine Schale Apfelkompott und ein gekochtes Ei standen darauf.

Wütend holte ich eine neue Plastiktüte aus meinen geheimen Vorräten unter meinen Pullis und ließ den Klumpen Essensabfälle ebenfalls verschwinden.

„Morgen Nachmittag fahren wir zu Frau Dr. Sommer. Und diesmal kommt nichts dazwischen, das schwöre ich dir", sagte meine Mutter, als sie hereinkam, um mir Gute Nacht zu sagen. Ich lag bäuchlings auf meinem Bett und las in *Schlafes Bruder*, meinem Lieblingsbuch. Dem Elias in der Geschichte ging es wie mir. Keiner verstand ihn, er war ganz auf sich alleine gestellt.

„Schön, dass du heute so gut gegessen hast", fuhr meine Mutter fort und setzte sich auf meinen Bettrand. „Du musst dringend wieder zu Kräften kommen, Serafina."

„Jaja", sagte ich und las weiter.

„Du hast doch gegessen?", fragte meine Mutter plötzlich.

„Ja!", sagte ich, ohne von meinem Buch hochzuschauen.

Ich spürte das Misstrauen meiner Mutter körperlich. Es kippte kalt und böse über mir aus.

„Serafina ...", sagte meine Mutter und dann stand sie ruckartig auf und öffnete meinen Kleiderschrank.

„Lass das!", schrie ich und sprang auf.

Aber sie ließ es nicht.

Und dann fand sie die beiden verknoteten Tüten. Dabei hatten sie oben auf meinem Schrank gelegen, ganz hinten an der Wand.

„Das gibt es doch nicht!", schrie meine Mutter, drehte sich zu mir um und schlug mir ins Gesicht.

Ich zuckte zusammen und spürte, wie mir Tränen in die Augen schossen. Mein Gesicht brannte.

Dann war mein Vater auf einmal auch in meinem Zimmer.

„Was ist denn los?", rief er erschrocken auf Italienisch.

Meine Mutter schrie weiter und zeigte auf die beiden verschmierten, verknoteten Tüten. Ich verstand gar nichts mehr, ich schaltete einfach ab. Aus weiter Ferne sah ich, dass meine Mutter weinte.

„Serafina, warum tust du das? Bist du verrückt, oder was? Willst du dich umbringen?", schimpfte mein Vater, immer noch auf Italienisch. Irgendwann drangen seine Stimme und seine Worte wieder bis zu mir vor.

„Lasst mich! Lasst mich! Lasst mich!", schrie ich zurück, hielt mir die Ohren zu und alles drehte sich in meinem Kopf. „Ich will meine Ruhe haben. Ich habe doch nichts verbrochen! Mama, nur weil du so dick geworden bist, liebt Papa dich nicht mehr! Verstehst du das denn nicht? Papa schläft mit dieser Frau aus Genua und statt dich darum zu kümmern, willst du mich dazu zwingen, wieder dick und hässlich zu werden ... Warum? Warum? Warum?"

Hörten sie mir zu? Hörten sie mir nicht zu?

Ich hatte keine Ahnung, aber irgendwann ließen sie mich alleine, und ich weinte so, wie ich noch nie geweint hatte. Ich fühlte mich ganz und gar alleine.

Es war einfach so, dass die ganze Welt widerlich war.

In der Nacht hatte ich wieder den Traum, in dem ich von Sekunde zu Sekunde dicker wurde. Ich erstickte fast in meinem fetten, aufgedunsenen Körper. Und dann kam meine Mutter herein, mit einem Teller Spaghetti in der Hand.

„Iss, Serafina!", sagte sie. Iss. Iss. Iss.

Sie fing an zu schreien und presste mit ihren kalten Fingern meinen Mund auf, indem sie meinen Kiefer auseinanderdrückte.

„Iss! Iss! Iss!", schrie sie direkt vor meinem Gesicht. Und dann stopfte sie mir die Nudeln in den Mund. Aber die

Spaghetti waren keine Spaghetti mehr, sondern graue Würmer, die mir in den Mund hineinkrochen ...

Plötzlich hörte ich jemanden weinen. Entsetzt wachte ich auf. Ich weinte und saß aufrecht in meinem Bett und würgte. Ich musste brechen, der Brechreiz ließ einfach nicht nach, aber mein Magen war leer, ich konnte mich nicht übergeben. Mein Bauch und mein Kopf und mein ganzer Körper taten mir weh. Leise schlich ich mich ins Badezimmer und presste dabei meine Hände auf meinen Mund. Warum hörte das Würgen bloß nicht auf? Ich wollte auf keinen Fall meine Eltern wecken.

Im Bad trank ich vorsichtig ein paar Schlucke lauwarmes Wasser, das ich sofort wieder ausbrach. Ich umklammerte den Rand des Waschbeckens und versuchte, ruhig zu atmen. Nur ganz allmählich beruhigte sich mein Magen wieder, und irgendwann wusch ich mir mein verschwitztes Gesicht. Sogar meine Haare waren schweißnass. Benommen starrte ich mein Spiegelbild an. Aber was war das? Ich beugte mich näher zum Spiegel. Im hellen Neonlicht der Spiegellampe entdeckte ich einen merkwürdigen, hellen Flaum in meinem Gesicht. Es waren nur ganz kurze, weiche Härchen, die mir heute zum ersten Mal auffielen. Woher kamen sie? Voller Panik starrte ich mich an. Und dann sah ich, dass an meinen Unterarmen auch viel mehr Haare waren als früher.

Was war los mit mir? Mit zitternden Händen griff ich nach dem Rasierer meines Vaters, der auf der Ablage unter dem Spiegel lag, und schabte damit über meine trockenen Arme und mein blasses Gesicht, wahllos hin und her. Anschließend wusch ich mich mit einem kalten Schwall Wasser. Dann waren die merkwürdigen Härchen verschwunden und von draußen kam silbrig graue Morgendämmerung durch das kleine Badezimmerfenster.

Schnell zog ich mich an und schlich aus der Wohnung. In einer Stunde würden meine Eltern und Maria aufstehen. Da hatte ich noch eine gute Dreiviertelstunde Zeit zum Laufen.

Ich musste dringend Kalorien loswerden.

Mein Kopf wurde allmählich klarer, die kalte, frische Morgenluft tat mir gut. Der Himmel wurde hell, und eine Menge Vögel zwitscherten und flogen zwischen den Bäumen hin und her. Ich lief und meine Schritte flogen über den Kiesweg dahin. Ab und zu warf ich einen Blick auf meine Armbanduhr. Mindestens eine halbe Stunde wollte ich durchhalten. Danach würde ich frühstücken gehen müssen. Gestern war ein guter Tag gewesen, trotz des Streites mit meiner Mutter. Ich hatte es geschafft, nur ein paar Salzstangen und einen Apfel zu essen.

Die Sonne kam heraus. Ich warf einen Blick auf meine Uhr. War sie stehen geblieben? Was war los heute früh? Warum verging die Zeit so langsam?

Das Atmen fiel mir immer schwerer.

Mein Gesicht fühlte sich plötzlich starr und taub an.

Ich stolperte.

Ob ich eine kurze Pause machen sollte?

Der Himmel kam näher und die Bäume umzingelten mich.

Und dann waren sie wieder weit weg.

Die Luft drückte mich zu Boden.

Träumte ich? Lag ich am Ende noch im Bett und bildete mir nur ein, im Park zu sein? Konnte es sein, dass ich schlief?

Ja, ich schlief, das war es.

Meine Beine waren warm und schwer und ich schwitzte und fror gleichzeitig.

Mama, dachte ich.

Oder rief ich es? In meinen Ohren, meinem Kopf klang es so, als hätte ich gerufen. Aber war es nicht klar, dass man nach seiner Mutter rief, wenn man klein war und krank?

Ich wollte weiterschlafen, aber ich konnte nicht.

Verwirrt drehte ich mich in meinem Bett auf die andere Seite.

Ich wollte schlafen, schlafen, schlafen.

Plötzlich fühlte ich einen brennenden Schlag in meinem Gesicht.

Ich war gestürzt, ich war hingefallen. Mein Gesicht schrammte über einen harten, steinigen Boden.

Wo war ich nur?

Dann wurde es dunkel um mich herum. Dunkel und warm. Endlich fror ich nicht mehr.

Irgendwo zwitscherten Vögel. War ich am Strand in Südfrankreich?

„Hallo, hörst du mich?"

Eine fremde Stimme nah an meinem Kopf. Und dann rüttelte mich jemand am Arm. Und fasste mein Gesicht an.

„Einen Arzt! Jemand muss einen Arzt rufen! Das Mädchen ist bewusstlos ..."

Wer schrie da so? Und wer war bewusstlos? Ich wollte meine Ruhe haben und schlafen. Mir war ganz warm auf einmal, wunderbar warm.

Wieder fasste mich jemand an. Ich spürte, wie ich hochgehoben wurde.

War schon Morgen? Ich wollte noch weiterschlafen. Es war doch noch nicht einmal hell.

Plötzlich waren da eine Menge Stimmen.

„Zurücktreten, bitte ..."

„Ein Kreislaufzusammenbruch, nehme ich an ..."

„Sie ist einfach so in sich zusammengesackt ..."

„Ich sehe sie fast jeden Morgen ...“

„Sie verausgabt sich bis an ihre Grenzen ...“

„Und sie ist wahnsinnig dünn ...“

Dann versank ich wieder. Anscheinend war ich krank. Jemand beugte sich über mich. Ich fühlte mich fiebrig und unendlich müde.

Ich schlief und ich wachte auf und ich schlief wieder ein.

Irgendwann wurde es hell. Ich sah es, obwohl ich die Augen geschlossen hatte.

„Kannst du mich hören?“, fragte eine Stimme über mir.

Wo war ich? Der Boden unter mir wackelte und vibrierte. Vorsichtig öffnete ich die Augen.

„Ich bin Doktor Sina“, sagte eine Frau in einem weißen Sweatshirt und beugte sich über mich. „Ich bin Notärztin und wurde zu dir gerufen, weil du im Park bewusstlos geworden bist. – Wie heißt du?“

„Serafina Giordano“, sagte ich leise und verstand nichts. Was war passiert? War ich krank? Ich konnte mich an gar nichts mehr erinnern.

„Wie alt bist du?“

„Fast fünfzehn.“

„Wie groß?“

„Ein Meter achtundsechzig.“

„Gewicht?“

Was war hier los?

„Ich weiß nicht genau“, sagte ich zögernd. „Fünfundvierzig Kilo vielleicht.“

Ich war in einem Krankenwagen, ganz plötzlich wusste ich es. Ich lag auf einer Krankenwagentrage und spürte die Straße unter mir. Ich zitterte am ganzen Körper, dabei hatte jemand eine Decke über mich gelegt.

„Ich will nach Hause, bitte", sagte ich erschrocken und versuchte, mich aufzurichten. Entsetzt sah ich, dass über der grauen Decke ein breiter, grüner Gurt festgeschnallt war.

Die Ärztin versuchte, meine Hand zu nehmen, aber ich zog sie weg. Ich fühlte mich gefangen und ausgeliefert.

„Ich will aufstehen!", stieß ich ängstlich hervor. Der Wagen bog um eine Kurve und schlingerte und ich hatte Angst zu fallen. Immer noch zitterte ich wie verrückt.

„Hast du heute Morgen schon gefrühstückt, Serafina?"

Die Frage hallte durch meinen verwirrten Kopf.

Gefrühstückt ...

Wann hatte ich das letzte Mal gefrühstückt? Plötzlich musste ich weinen. Ich dachte an den Geruch von Frühstücksbrötchen, an frische Butter und an leckere, süße Erdbeermarmelade. Wann hatte ich mich überhaupt zum letzten Mal satt gegessen?

Ich weinte und weinte und weinte und dann waren wir da. Eine Antwort gab ich nicht.

Wie aus weiter Ferne bekam ich mit, dass der große Wagen hielt und hinter mir die Wagentüren aufgingen. Die Liege, auf der ich festgegurtet war, ruckte, und ich rollte davon. Irgendwohin. Um mich herum waren viele Menschen, aber ich kannte keinen, und die Ärztin, die gerade noch mit mir gesprochen hatte, war spurlos verschwunden.

Der Himmel über mir war hell und eine Menge Vögel flogen dort oben herum. Sie zwitscherten lauthals und es klang vergnügt und glücklich. Wann hatte ich das letzte Mal lauthals gelacht? Oder war glücklich gewesen? Früher, wenn ich mit Moses im Sonnenblumenfeld gelegen hatte, hatten wir oft die Vögel am Himmel beobachtet. Wie lange das her war!

Dann war der Himmel verschwunden und ich befand mich in einem weißen Behandlungsraum und wurde auf eine andere Liege gehoben. Erst jetzt merkte ich, dass ich immer noch weinte. Mein Gesicht war völlig nass und ich hörte mich schluchzen. Alles kam mir fern und eigenartig vor. Jemand wischte behutsam mein Gesicht ab. Das tat weh. Was war mit meinem Gesicht? Jemand schob meinen Pulliärmel hoch.

„Ich gebe dir jetzt erst einmal ein leichtes Beruhigungsmittel", sagte eine Stimme.

Dann fühlte ich einen Stich in meinem Arm.

„Was ist mit mir?", flüsterte ich müde.

„Du bist im Park gestürzt und hast dich im Gesicht verletzt", sagte die Stimme, die eben schon gesprochen hatte. „Ich bin Doktor Simoneit und werde dich jetzt eingehend untersuchen, Serafina. – Deine Mutter ist schon informiert und auf dem Weg hierher."

„Ich will nach Hause", bat ich. „Bitte."

„So schnell geht das leider nicht", sagte der Arzt und leuchtete mit einer hellen Lampe in meine Augen. „Sieh mal, wir vermuten, dass dein Schwächeanfall im Park eine Folge von Anorexia nervosa ist."

„Was bedeutet das?", fragte ich und wurde immer müder und schläfriger.

„Das bedeutet, dass du vermutlich an Magersucht leidest, Serafina."

Er schaute mich an und ich schaute ihn an.

„Nein, das habe ich nicht", sagte ich mühsam. Meine Stimme klang fremd und fern. Und dann verschwamm sein Gesicht vor meinen Augen und ich schlief ein.

Moses' Geschenke. Moses' Geschenke aus Irland. Steine. Eine Kette. Merkwürdige Hölzer. Eine Spieluhr. Und noch mehr. Ich kann mich nur undeutlich erinnern. Nicht ein einziges Mal habe ich die Spieluhr spielen lassen. Was für ein Lied wohl in ihr steckt?

Mein Saxofon.

Mein Mammutbaum.

Fritz.

Meine kranke Nonna in Italien.

Angeletta, die Kuh mit den weichen, langen, plüschigen Ohren.

Die Frau aus Genua, die auch Angeletta heißt und die ein Baby bekommt.

Mein Vater, der vielleicht der Vater dieses Babys ist.

Ernestine, meine Freundin.

Alles dreht sich in meinem Kopf. Nichts kann ich festhalten. Nichts kann ich verstehen. Ich friere so. Oder schwitze ich? Die Decke ist schwer. Und mein Hals tut weh. Und meine Nase.

Eigentlich tut mir alles weh.

Ich wache auf, obwohl ich nicht will.

Was war das? In meiner Nase steckte ein dünner Plastikschlauch, der mir wehtat. Was sollte das? Auch in meinem Hals schien etwas zu stecken. Mein Hals brannte und wenn ich schluckte, tat es richtig weh. Neben dem Bett, in dem ich lag, stand ein Metallgestell, an dem ein durchsichtiger Plastikbeutel befestigt war. Aus dem Beutel tropfte Flüssigkeit in einen Schlauch. Und dieser Schlauch führte in meine Nase.

Wo war meine Mutter? Warum war ich hier und nicht zu Hause? In meinem Gesicht klebte ein großes Pflaster und plötzlich konnte ich mich wieder erinnern. Ich war im Park hingefallen und hatte mir das Gesicht aufgeschürft. Aber warum musste ich deshalb im Krankenhaus bleiben?

Da war ein Arzt gewesen, der mich untersucht hatte. Er hatte etwas zu mir gesagt. Was war das nur gewesen?

„Hallo …", sagte in diesem Moment eine Stimme neben mir. Erschrocken drehte ich mich um und sah ein fremdes Mädchen in einem Bett am Fenster.

„Ich bin Pia. Schön, dass du jetzt da bist. Vorher habe ich

alleine hier drin gelegen. Mir haben sie gestern den Blinddarm herausgenommen."

Das Mädchen lächelte mir zu, aber ich lächelte nicht zurück, denn eben war mir eingefallen, was der Arzt gesagt hatte. *Magersucht!* Dieses Wort war es gewesen.

In dem Moment ging die Tür am Ende des Raumes auf.

„Hallo Serafina", sagte der Arzt, an den ich gerade gedacht hatte. Ich gab keine Antwort. Ich spürte nur meinen Herzschlag im ganzen Körper.

„Schön, dass du aufgewacht bist."

Hinter dem Arzt tauchte eine sehr dicke Krankenschwester auf. Sie lächelte mir ebenfalls zu, aber ich lächelte wieder nicht zurück. Der Schlauch in meiner Nase drückte unangenehm und ich sah, dass ich in einem dünnen weißen Krankenhausnachthemd steckte. Jemand musste mich ausgezogen haben und ich hatte es nicht einmal gemerkt.

„Ich messe dir nur eben Fieber und prüfe deinen Blutdruck", sagte die dicke Schwester und beugte sich über mich. Sie roch nach Schweiß und gleichzeitig nach Desinfektionsmittel. Ihr Busen war riesig und sie hatte ein weiches, wackelndes Doppelkinn. Ich machte mich so klein wie möglich, während die Schwester mir für einen kurzen Augenblick eines dieser neuen Fieberthermometer ans Ohr drückte. Ihr ausladender Busen berührte dabei meine Schulter.

„39,9 Grad", sagte sie zu dem Arzt. Anschließend maß sie meinen Blutdruck. „90 zu 60", fügte sie einen Moment später hinzu. Dann ging sie wieder hinaus. Aber vorher tat sie noch etwas sehr Merkwürdiges.

„Wird alles wieder gut, mein armes Herzchen ...", sagte sie zu mir und streichelte für einen Augenblick meine Stirn.

Warum tat sie das? Es hörte sich so an, als habe sie Mitleid mit mir. Die Krankenschwester war noch viel dicker als Moses. Warum mochten mich nur Dicke?

Und warum hatte ich Fieber? Was war los mit mir?

„Magersucht ist eine sehr gefährliche, tückische Krankheit, Serafina", sagte der Arzt plötzlich. Auf dem Namensschild an seinem weißen Hemd stand sein Name: *Dr. med. Fritz Simoneit.*

Er hieß Fritz. Mein Bauch verkrampfte sich.

„Vor Krebs und Aids haben alle Leute Angst. Das liegt daran, dass wir diese Krankheiten als Gegner äußerst ernst nehmen. Bei ihnen wissen wir, dass wir in Gefahr sind. Aber bei der Magersucht ist das etwas anderes. Jeder meint, ein bisschen abnehmen ist doch eine gute Sache, und keiner kann so genau sagen, wann es allmählich problematisch wird. Und dann kann es plötzlich ganz schnell gehen."

Doktor Simoneit schaute mich ernst an. „Serafina, noch ein paar Wochen und du hättest tot sein können."

Seine Worte hallten in meinem schmerzenden Kopf hin und her.

„Das ist eben das Schlimme an dieser Krankheit. Viel zu lange wird sie unterschätzt und übersehen und dann kann es auf einmal fast schon zu spät sein. Es lässt sich nicht voraussehen, wann der Zeitpunkt da ist, dass ein Körper aufgibt. Und dann kann man manchmal nichts mehr tun, verstehst du ...?"

In meinen Ohren dröhnte es. Wo war meine Mutter? Wo war mein Vater? Ich wollte nach Hause. Ich wollte Musik hören, ein Buch lesen, Fernsehen schauen.

„Und weißt du, was dann passiert?", fragte Doktor Simoneit. Von draußen schien helle, freundliche Sonne herein.

Ich sagte nichts und sah einfach nur stumm vor mich hin.

„... dann verhungert man, Serafina."

Das ist doch alles Blödsinn, dachte ich. In Afrika verhungerten Menschen, aber nicht hier. Aber ich sagte nichts.

Stattdessen drehte ich mich einfach ganz langsam zur Seite. Ich wollte alleine sein. Ich wollte diesen Unsinn nicht hören. Der Schlauch in meiner Nase ziepte.

„Wir haben dich gewogen", fuhr der Arzt fort und kam um mein Bett herum. Er nahm sich einen Stuhl und setzte sich unmittelbar neben mich. „Du wiegst im Augenblick 37,5 Kilogramm, und das ist gefährlich wenig, Serafina."

Er deutete auf den Schlauch in meiner Nase. „Du hast dich sicherlich schon gefragt, was das ist."

Ich schwieg.

„Das ist Sondennahrung", sagte Doktor Simoneit trotzdem. „In dieser Flüssigkeit ist alles drin, was dein Körper jetzt braucht, um zu überleben, verstehst du?"

Mir wurde schwindelig vor Schreck. Ich wurde zwangsernährt?

„Ich ... ich ... ich will das nicht", flüsterte ich und hatte schreckliches Herzklopfen.

„Willst du lieber sterben?", fragte der Arzt und legte seine Hand auf meinen Arm. Ich schüttelte sie ab.

„Deine Eltern waren hier, während wir dich untersucht haben und du nicht ansprechbar warst. Sie haben der Nährsonde sofort zugestimmt und deine Mutter hat uns erzählt, wie das mit dem Essen in den letzten Wochen und Monaten bei dir gewesen ist. Sie hat auch deine Eintragungen gelesen, in denen du aufgeschrieben hast, was du überhaupt noch zu dir genommen hast. Und sie hat Schachteln mit Abführtabletten gefunden ..."

Da passierte es wieder. Alles verschwamm in meinem Kopf zu einem wahnsinnigen, irren Chaoskarussell. Ich verstand nichts mehr, ich konnte keinen Gedanken mehr fassen oder festhalten ...

Sie hatten mein Tagebuch gelesen? Mein Zimmer durchsucht? Warum? Warum? Warum?

„Ich ... ich ...", flüsterte ich, aber dann konnte ich nur noch weinen. Und eigentlich nicht mal mehr das. Ich hörte mich wimmern wie ein Baby.

„Serafina, hast du gemerkt, dass deine Körperbehaarung zugenommen hat?", fragte Doktor Simoneit in mein Wimmern hinein. Warum ging er nicht hinaus? Warum ließ er mich nicht allein? Ich wollte ihm nicht zuhören müssen. Ich wollte allein sein.

„Diese Behaarung nennt man Lanugobehaarung. Du hast sie schon einmal gehabt, wusstest du das?"

Ich schaffte es, das Wimmern zu unterdrücken. Stattdessen lag ich stocksteif da, die Hände unter der Decke zu Fäusten geballt.

Was sollte das Gerede? Es dauerte einen Augenblick, bis ich mich an die merkwürdigen Härchen in meinem Gesicht und auf meinen Unterarmen wieder erinnern konnte. Wann war das gewesen, dass ich sie entdeckt hatte? Es kam mir vor, als sei es Jahre her. – Aber ich hatte sie doch wegrasiert oder hatte ich das nur geträumt?

„Sieh mal, Serafina", sagte Doktor Simoneit in diesem Moment, hob meine Bettdecke und schob das dünne Krankenhausnachthemd hoch. Ich konnte es kaum glauben. Auch auf meinem Bauch waren unzählige dieser hellen, weichen Härchen. In einem kleinen, wirbelartigen Kreis wuchsen sie um meinen Bauchnabel herum. Sie sahen wie Tierfell aus. Wie das flauschig weiche Fell neugeborener Mäuse oder Hamster.

„Was – was ist das?", fragte ich leise und erschrocken und deckte mich schnell wieder zu.

„Diesen Flaum haben normalerweise nur ungeborene Babys im Bauch der Mutter. Ungefähr im sechsten bis siebten Monat verschwindet er endgültig. Aber wenn jemand ernstlich an Magersucht erkrankt, kommen die hormonel-

155

len Werte so sehr durcheinander, dass diese Fötusbehaarung wieder auftritt."

Es war auf einmal ganz still im Raum.

„Es ist, als würdest du dich zurückentwickeln, als wolltest du ganz und gar verschwinden."

„Nein, ich will nur dünn sein", widersprach ich schließlich mühsam. Jedes Wort war anstrengend.

„Aber du willst doch trotzdem am Leben bleiben, oder?"

Darauf sagte ich nichts.

Die Tage vergingen. Ich wollte nur schlafen. Ich hatte aufgehört zu kämpfen. Dreimal hatte ich mir den Sondenschlauch aus der Nase gezogen. Es hatte schrecklich wehgetan, aber das war mir egal. Denn die Sonde machte, dass ich satt war. Und dass ich zunahm. Ich fühlte mich widerlich und aufgedunsen.

„Ich will nicht wieder dick werden", sagte ich böse zu der dicken Krankenschwester, wenn sie mein Bett machte oder mir etwas zu essen brachte.

„Du bist weit davon entfernt, dick zu werden", sagte die Schwester. Ihr Name war Linn. Sie stellte mir ein Tablett mit Kartoffelpüree und Buttergemüse auf den Krankenhaustisch.

Widerwillig betrachtete ich das Essen.

„Wusstest du, dass jedes zehnte magersüchtige Mädchen stirbt?"

Linn schaute mich kopfschüttelnd an und ich schaute stumm zurück.

„Wir hatten im letzten Winter ein Mädchen hier auf der inneren Station, sie hieß Paulina und war vierzehn Jahre alt, und sie ist gestorben ..."

Damit ging Linn hinaus.

Ich ließ das Essen stehen.

Das Tropfen der Nährstoffflüssigkeit machte mich fast verrückt. Es tropfte ununterbrochen und unerbittlich. Was stopften sie da alles in meinen Körper hinein?

Abends kam meine Mutter und gleichzeitig kam eine Krankenschwester und brachte mir ein neues Tablett mit Essen.

„Serafina, bitte ...", sagte meine Mutter und drückte meine Hand.

Ich schaute auf das Brot. Lange, lange, lange war es her, dass ich so ein Brot gegessen hatte.

Immer noch hatte ich den Sondenschlauch in der Nase.

„Wir werden ihn sofort entfernen, wenn du wieder selbst richtig isst", hatte Doktor Simoneit gesagt.

Vorsichtig nahm ich die Käsescheibe vom Brot. Ein Brot mit Butter hatte schließlich schon genug Kalorien.

„Serafina, hör auf damit!", zischte meine Mutter und ließ meine Hand los. Aber nur um mein Handgelenk zu packen und festzuhalten. Mit der anderen Hand drückte sie den Käse zurück auf das Brot. Ihre Finger zitterten.

„Lass mich los!", fauchte ich und riss meinen Arm zurück. Dabei stieß ich mit dem Ellenbogen gegen das Tablett und es fiel krachend auf den Boden.

Das Brot klatschte auf die Butterseite und der fettige Käse lag zwischen Tellerscherben. Auch die Tasse mit Kakao war zerbrochen und alles schwamm in einem braunen Kakaosee.

Da stand meine Mutter wortlos auf und ging hinaus. Ich sah, dass sie weinte.

„Ich will ja essen, Mama, aber ich kann es nicht mehr ...", rief ich ihr leise hinterher, aber sie ging trotzdem einfach weiter.

Eine Krankenschwester kam und machte den Boden sauber. Dann bekam ich einen neuen Beutel Sondennahrung. Und einen Teller Haferflocken, den ich stehen ließ.

Tropf – tropf – tropf. Die unheimliche, durchsichtige Flüssigkeit am Infusionsständer sickerte unaufhaltsam in den dünnen Plastikschlauch und schob sich von dort ebenso unaufhaltsam in meinen Körper.

Ich starrte auf den fürchterlichen Schlauch, bis es ganz dunkel im Raum war.

Auch Maria kam. Und mein Vater. Und meine deutsche Oma. Und Ernestine. Ich bekam Blumen und Bücher und einen kleinen CD-Spieler mit neuen und alten CDs.

Pia wurde entlassen und ein neues Mädchen kam an ihrer Stelle.

Ich aß mühsam winzige Stücke Zwieback. Und manchmal ein paar Löffel Fruchtjoghurt. Oder ein bisschen Karottensalat. Und einmal ein winziges Stück Honigmelone.

Jeden Morgen musste ich mich auf eine Waage stellen.

„40 Kilogramm", sagte Doktor Simoneit an meinem fünfzehnten Geburtstag. „Na also, das ist doch ein erster Erfolg!"

„Wann darf ich nach Hause?", fragte ich vorsichtig.

„Wir werden sehen", sagte Doktor Simoneit. „Wie klappt es denn mit dem Essen in den letzten Tagen?"

„Gut", sagte ich schnell.

Dabei stimmte das nicht. Es klappte gar nicht gut mit dem Essen. Jeder Bissen ekelte mich und ich hatte das Gefühl, demnächst zu platzen.

Einmal kam mein Vater alleine.

„Heilige Madonna, mein dünnes Mädchen", sagte er auf Italienisch zu mir und setzte sich vorsichtig auf meinen Bettrand.

Wir schauten uns an.

„Sie sagen, du bekommst bald einen Platz in einer Spezialklinik für Jugendliche mit Essstörungen", sagte er schließlich. Diesmal sprach er deutsch.

„Ich wünschte, wir wären in Italien geblieben", sagte ich leise und zusammenhangslos.

Mein Vater nickte langsam. „Manchmal wünsche ich mir das auch", sagte er fast genauso leise. „Aber in Italien war es mit der Arbeit schwieriger, verstehst du?"

Ich zuckte mit den Achseln.

Und dann erzählte mir mein Vater plötzlich von seiner Schwester Maria. „Sie war sechzehn, also nur ein Jahr älter als du. Und sie war mit diesem schweren Herzfehler geboren worden. Sie kam schnell außer Atem und hatte immer kalte Finger. Und oft waren ihre Lippen blau statt rot. Und sie war ... ebenso dünn wie du. Und dann starb sie."

Ja, und genau an diesem Tag waren meine Eltern sich begegnet.

„Was ist mit dieser Frau in Genua, Papa?", fragte ich, dabei hatte ich das auf keinen Fall fragen wollen.

Lange gab mein Vater keine Antwort.

„Weiß der Himmel", sagte er schließlich und schaute mich nicht an dabei.

„Liebst du sie?"

„Ich weiß es nicht, Serafina."

„Und was ist mit Mama?"

„Das weiß ich auch nicht ..."

Nach diesen Worten drückte mein Vater mich fest an sich und ich war trotz allem erleichtert, dass er ehrlich mit mir war.

„Ich habe dich lieb, mein dünnes Häschen", sagte er, ehe er ging. Und diesmal hatte er wieder italienisch gesprochen.

An meinem Geburtstag kam Ernestine. Und danach kamen Kira und Alia.

Wie im Nebel ging der Tag an mir vorüber.

Ich aß ein paar Bissen Streuselkuchen und einen Schokobonbon. Das weiß ich noch.

Und ich bekam so viele Geschenke, dass sie kaum Platz in meinem Krankenhausschrank fanden.

Und an noch etwas kann ich mich erinnern. Ernestine sagte zu mir, dass Fritz mich grüßen lasse, und außerdem, dass es zwischen ihm und dieser dünnen, dunkelhaarigen Laila endgültig aus sei.

„Sie hat Schluss gemacht", erzählte Ernestine.

Ich schwieg dazu. Und Ernestine erzählte auch nicht mehr.

Moses meldete sich nicht.

Ein paar Tage später wog ich schon einundvierzig Kilogramm.

„Ich bin dennoch nicht sehr zufrieden", sagte Doktor Simoneit stirnrunzelnd und sah mich mit einem merkwürdigen Blick an.

Ich wich seinen Augen aus und starrte unglücklich aus dem Fenster. Ich wurde wieder dick, alles war umsonst gewesen. Mein Bauch würde wieder fett werden, genau wie mein Po und mein Busen. Immerzu, wenn ich mich unbeobachtet fühlte, tastete ich nach meinem Bauch. Er fühlte sich schon wieder weich und schwammig an. Ich tastete auch nach meinen Rippen und meinen Knien. Alles fühlte sich fett an. Fett und widerlich.

Und immerzu gab es Essen für mich.

Kleine Mahlzeiten nannte das Doktor Simoneit. Was für ein Hohn! Brötchen mit Butter und Schokokreme! Sahnejoghurt! Vollkornkekse! Spargelcremesuppe! Und immer noch die Nährsonde!

Ich wurde von Tag zu Tag verzweifelter.

Unglücklich spülte ich die Suppen in die Toilette. Und dort verschwanden auch eine Menge Brote und Brötchen und Kekse. Und viele, viele Gläser mit Multivitaminsaft. Und Tassen mit gesüßtem Pfefferminztee.

Aber dann kam alles heraus.

„Du nimmst trotz Sonde und Aufbauernährung viel zu langsam zu", sagte Doktor Simoneit an einem Morgen, als es in Strömen goss. „Wir verabreichen dir zweitausend Kalorien am Tag, da müsste es mit der Gewichtszunahme deutlich besser laufen, Serafina."

„Ich habe Essensreste in ihrer Toilette gefunden", sagte Schwester Linn, das fette Ungetüm, und schaute zu mir herüber.

Und dann sagte wieder Doktor Simoneit etwas. Und dann ein anderer Arzt, der an diesem Morgen ebenfalls mit zur Visite gekommen war. Aber ich bekam das alles nicht mehr richtig mit. In meinem Kopf dröhnten immer noch die zweitausend Kalorien, von denen Doktor Simoneit eben gesprochen hatte.

Zweitausend! Mir wurde schlecht vor Entsetzen. Kein Wunder, dass ich mich schwer und gemästet fühlte! Warum durften sie das tun? Warum durften sie mich derart mästen?

„... und darum haben wir entschieden, dass du in die Jugendpsychiatrie verlegt wirst, Serafina", sagte Doktor Simoneit plötzlich. „Deine Eltern haben bereits alles Nötige veranlasst und werden dich gegen Mittag abholen."

Ich konnte es kaum glauben! Was geschah hier eigentlich? Wie war es möglich, dass es so weit gekommen war? Ich wurde zwangsernährt. Und jetzt wurde ich auch noch ins Irrenhaus gebracht!

Starr lag ich in meinem Krankenhausbett und war so verzweifelt wie noch nie in meinem Leben.

Und dann beschloss ich zu fliehen.

Ich wollte wieder frei sein und über mich selbst bestimmen.

Ich würde mich nicht weiter mästen lassen.

Lieber wollte ich sterben.

Eine junge Lernschwester kam und entfernte die Sonde aus meiner Nase. Erleichtert atmete ich auf.

„In etwa einer Stunde wirst du abgeholt", sagte sie und ging hinaus.

Ich war wieder alleine.

Schnell und leise und voller Angst zog ich mich an. Und dann verließ ich das Krankenhaus.

Was sollte ich jetzt tun? Wo sollte ich hingehen? Direkt vor dem Krankenhaus war eine Bushaltestelle. Ich stieg in den ersten Bus, der dort hielt. Wie lange würde es dauern, bis sie meine Flucht bemerkt hatten? Und was würde dann geschehen? Sicherlich würde das Krankenhaus die Polizei alarmieren. Und meine Eltern ...

Der Bus war, als ich eingestiegen war, fast leer gewesen. Jetzt wurde er immer voller. In meinem Rucksack steckten mein Portemonnaie und mein Handy. Ich hatte seit meinem Geburtstag fast jede Stunde nachgesehen, ob Moses mir vielleicht eine SMS geschickt hatte. Aber das hatte er nicht getan.

Ich fror, dabei schien die Sonne durch die Busfenster.

„Ist alles in Ordnung?", fragte mich plötzlich eine alte Frau, die sich an der letzten Station auf den Platz mir gegenüber gesetzt hatte.

Ich nickte schnell. Warum hatte die Frau mich das gefragt? Was hatte sie zu dieser Frage veranlasst? Immer wieder schaute sie mich an. Ärgerlich stand ich auf und drängte mich an den anderen Menschen vorbei bis zur Tür. Als der Bus an der nächsten Station hielt, stieg ich aus. Mir war schon wieder schwindelig und ich ging langsam und mühsam über die Straße.

Ich hörte Vögel zwitschern und ein paar Meter weiter standen ein paar Jugendliche und unterhielten sich. Sie lachten und steckten die Köpfe zusammen und sahen vergnügt aus. Zwischen ihnen und mir waren Welten. Benommen ging ich an ihnen vorüber.

„... der Film war wirklich gut", sagte ein Mädchen.

„Alle Filme mit Johnny Depp sind gut", sagte ein anderes Mädchen.

Ich spürte, wie mir Tränen in die Augen stiegen. Mühsam ging ich weiter. Dabei wusste ich nicht einmal, wohin ich ging. Ich ging einfach und ging und ging, bis ich nicht mehr konnte. Da nahm ich wieder einen Bus. Ich achtete nicht einmal mehr darauf, welche Linie es war.

An der Endstation stieg ich in einen anderen Bus. Es war kein Stadtbus mehr, sondern ein orangefarbener Überlandbus. Und wieder fuhr ich eine halbe Ewigkeit lang. Mein Bauch tat weh und mein Kopf tat ebenfalls weh. Auch mein Rücken schmerzte und zum ersten Mal seit Langem hatte ich wieder Hunger. Wie gut, dass die schreckliche Sonde weg war. Jetzt mästete mich keiner mehr.

„Endstation, junge Frau!", rief irgendwann eine ungeduldige Stimme. Erschrocken wachte ich auf. Der Bus stand still und der Motor war aus. Meine Zähne schlugen aufeinander und ich richtete mich verwirrt auf.

Schnell wankte ich ins Freie. Aus dem Augenwinkel sah ich, dass der Busfahrer mir nachschaute. Draußen fror ich noch mehr. Ich stand an einem verlassenen Busbahnhof. Was sollte ich jetzt tun? Ich spürte, dass ich nicht mehr konnte. Ich schaffte es kaum noch, einen Fuß vor den

163

anderen zu setzen. Langsam wie ein krankes Tier ging ich die Straße entlang. Plötzlich musste ich weinen. Ich stand am Rand eines Sonnenblumenfeldes. Kleine Sonnenblumen wuchsen hier, die erst in ein paar Wochen oder Monaten blühen würden. Mit dicken, haarigen Stängeln und wirren, leicht knittrigen, großen Blättern. Es war wie früher mit Moses. Langsam wanderte ich am Rand des Feldes entlang. Irgendwann war meine ganze Kraft weg und ich sackte einfach so zusammen.

Mein Herz tat mir weh, es klopfte wie verrückt. Vielleicht starb ich ja jetzt.

Plötzlich piepste mein Handy. Ich zog es mühsam hervor und schaute auf das Display. Unzählige Anrufe waren darauf.

Mama Handy, stand zwanzigmal da. Und etliche Male *Papa Handy*. Und ein paarmal *Oma zu Hause*. Und viele Male *Ernestine*. Keinen einzigen Anruf hatte ich mitbekommen. Jetzt war der Akku meines Handys fast leer. Außer den vielen Anrufen waren auch eine Menge SMS gekommen.

5 Nachrichten Mama Handy.

4 Nachrichten Papa Handy.

2 Nachrichten Ernestine Handy.

Aber ich las keine einzige Nachricht.

Plötzlich sah ich die letzte Nachricht:

1 Nachricht Moses, stand ganz zuunterst auf der Liste der eingegangenen Kurznachrichten.

Moses ...

Mit zitternden Fingern tippte ich auf die Taste *Nachricht lesen.*

Serafina. Serafina. Serafina ... stand da. Mehr nicht.

Ich las sie immer wieder. Moses hatte schon mal *Serafina. Serafina. Serafina* geschrieben. Damals hatte ich Fritz gerade kennengelernt. Damals hatte alles angefangen. Wieder musste ich an Moses' Geschenke aus Irland denken. Der Akku meines Handys blinkte, um mir zu zeigen, dass er demnächst leer sein würde.

Lieber Moses!, schrieb ich so schnell ich konnte. Meine Finger waren eiskalt und zitterten. *Danke für deine Irlandgeschenke. Welche Melodie spielt die kleine rote Spieluhr? Ich habe oft darüber nachgedacht in der letzten Zeit ...*

Ob Moses mir antworten würde? Tränen liefen mir über das Gesicht, während ich auf Senden drückte. Ich lag zusammengerollt wie ein kranker Igel mitten im Sonnenblumenfeld und starrte wie gebannt auf mein Handy.

Es klingelte. *Anruf Mama Handy* leuchtete auf dem Display, aber ich tat nichts. Ich hatte plötzlich Angst vor meinen Eltern. Ich wollte nicht ins Irrenhaus. Und ich wollte nicht wieder gemästet werden. Ich wollte über mich selbst bestimmen. Außerdem war es jetzt sowieso zu spät für alles. Was hatte Doktor Simoneit gesagt? Manchmal starb man einfach und keiner konnte einem mehr helfen?

Ich fühlte mich so schwach und elend wie noch nie in meinem Leben.

Da piepste mein Handy.

1 Nachricht Moses, leuchtete auf dem Display auf.

Es spielt „Help" von den Beatles!, las ich mühsam. *Serafina, wie geht es dir?*

Gut, schrieb ich hastig zurück. *Mir geht es gut.*

Warum schrieb ich so einen Blödsinn?

Ein paar Sekunden später piepste mein Handy erneut.

Mir geht es auch nicht gut!, schrieb Moses.

Lieber, lieber Moses!

Immer noch lag ich reglos da. Ich dachte an Moses und daran, wie ich ihn im Stich gelassen hatte.

Serafina, wo bist du?, schrieb Moses ein paar Sekunden später. *Alle Welt sucht dich! Alle machen sich Sorgen um dich.*

Darauf schrieb ich keine Antwort.

Würde Moses trotzdem noch einmal schreiben?

Ein paar Sekunden später las ich: *Ich bringe dir deinen Mammutbaum zurück. WO BIST DU?*

Mein Mammutbaum ...

In meinem Kopf drehte sich alles und für ein paar Sekunden konnte ich nichts denken. Aber dann tippte ich Moses' Nummer in mein Handy.

„Moses, ich weiß nicht, wo ich bin", flüsterte ich. „Ich bin mit vielen Bussen gefahren. Zuletzt mit einem Überlandbus. An einem Busbahnhof war Endstation. Da war ein Fahrradladen neben dem Bahnhof. Und ich kann von hier aus den Fernsehturm sehen. Und da in der Nähe ist ein Sonnenblumenfeld. Und ..."

In dem Moment war der Akku meines Handy erschöpft. Es piepste leise und schaltete sich dann aus.

Behutsam bettete ich es neben mich auf die Erde.

Über mir wehte ein kühler Wind und ich sah zwei dicke schwarze Krähen, die über meinem Kopf herumflatterten. Sie kreischten vergnügt und ich hörte ihnen zu.

Und dann kam Moses. Zusammen mit seinem Vater. Und er fand mich. Plötzlich beugte er sich über mich und ich machte die Augen auf.

„Da, dein Baum", sagte er und setzte sich neben mich. „Er ist ziemlich gewachsen in der letzten Zeit. Ich denke, wir müssen demnächst nach Italien ..."

Mühsam richtete ich mich auf.

„Ich war fies zu dir", sagte ich leise.

Moses nickte und dann half er mir beim Aufstehen.

„Kannst du laufen?", fragte er.

„Ich glaube schon."

„Das ist übrigens mein Vater", fuhr Moses fort und zeigte auf einen sehr großen, sehr dünnen Mann, den ich heute zum ersten Mal sah. Das war also Moses' Dichtervater, mit den vielen unglücklichen Lieben.

„Hallo Serafina", sagte er und lächelte mir zu. Er war genauso sommersprossig wie Moses und er sah nett aus.

Ich lächelte, so gut es ging, zurück.

„Dass ihr mich gefunden habt", sagte ich und ging langsam und vorsichtig zwischen Moses und seinem Vater.

„Er hat dich gefunden", sagte Moses' Vater und deutete auf seinen Sohn. „Ich war bloß der Chauffeur ..."

„Serafina, ich muss deinen Eltern Bescheid sagen. Schätze, sie drehen sonst durch ... Okay?"

Ich nickte. „Aber ich will nicht nach Hause. Und nicht in eine Klinik! Wenigstens heute noch nicht. Kann ich heute Nacht bei dir schlafen?"

„Klar kannst du das", sagte Moses und dann rief er meine Eltern an.

„Sie ist wieder da", hörte ich ihn sagen. Sein Vater trug meinen Mammutbaum für mich.

„Ist okay, wenn du heute bei mir schläfst", sagte Moses hinterher. „Aber du musst etwas essen, haben sie gesagt."

Ich nickte.

Schweigend stiegen wir ins Auto. Es war ein alter schwarzer Mercedes-Benz und Moses und ich setzten uns beide nach hinten. Ich lehnte mich erschöpft an meinen dicken Freund, der wieder höchst eigenwillig gekleidet war.

„Du hast mir geschrieben, dass es dir auch nicht gut geht", sagte ich leise.

„Ja", sagte Moses. „Ich bin fast immer allein und ich esse viel zu viel und in der Schule behandeln mich alle wie einen Idioten und ich habe alle meine Aktien verkauft und du hast mir gefehlt und ich liebe dich wie verrückt und ich weiß, dass du mich aber nicht liebst, sondern in diesen komischen Kerl in deinem Haus verliebt bist, und ich hatte mich doch so darauf gefreut, mit dir mal nach Italien zu fahren, und ich will, dass daraus etwas wird. Und ich will dein Freund bleiben, wie auch immer. Du musst mich ja nicht lieben, aber du könntest darauf achten, dass ich nicht mehr so viel esse. So was kannst du ja jetzt gut ..."

Moses schaute mich an und legte gleichzeitig vorsichtig seine warme Hand auf meine kalte Hand.

„Sag was", sagte er ungeduldig. So wie er immer war.

„Okay, ich achte darauf, dass du weniger isst. Und du achtest darauf, dass ich wieder mehr esse", sagte ich leise.

Moses nickte und schaute mich weiter mit seinem typischen Moses-Blick an.

„Sag, dass du mich wieder magst", bat er noch leiser.

„Ja, ich mag dich", sagte ich.

Und das tat ich wirklich.

„Himmel, hast du dünne Finger bekommen", murmelte Moses und streichelte meine Hände.

Das fühlte sich schön an.

Epilog

Serafina blieb nach ihrer Flucht aus der Klinik zwei Tage bei Moses. Danach war sie bereit, in eine Klinik für Jugendliche mit Essstörungen nach Süddeutschland zu gehen. Moses begleitete sie für eine Woche.

In der Klinik blieb Serafina drei Monate. Sie besuchte dort die Schule, nahm an einer Gruppentherapie teil, führte aber auch viele Einzelgespräche mit ihrer dortigen Therapeutin.

Außerdem versorgte sie, wie die anderen Patientinnen, die Tiere des an die Klinik angegliederten Biobauernhofs.

In ihrem letzten Monat dort begann sie, wieder Saxofon zu spielen. Ernestine und Moses besuchten sie ein paarmal und Moses schickte ihr wieder, wie früher, viele SMS.

„Unser Verhältnis ist immer noch ein bisschen kompliziert", sagt Serafina. „Moses mag mich anders als ich ihn mag, und er ist eifersüchtig, wenn ich mit anderen etwas unternehme. Er fühlt sich schnell ausgeschlossen."

Das Baby, das in Genua geboren wurde, war tatsächlich das Kind von Serafinas Vater, und zurzeit leben ihre Eltern deswegen getrennt.

„Aber sie sagen, dass sie sich noch lieben", sagt Serafina achselzuckend.

Weiterhin gibt sie sich Mühe, zuzunehmen und das Essen wieder zu lernen. Manchmal, wenn sie vor dem Spiegel steht und sich vorsichtig anschaut, sagt sie: „Seht doch, ich bin schon wieder viel zu dick." Dabei wiegt sie zurzeit gerade einmal achtundvierzig Kilo und ist noch immer sehr, sehr dünn.

„Es ist nicht leicht mit dem Essen", sagt sie. „An manchen Tagen geht es gut, aber an anderen Tagen ekele ich mich davor."

Moses nimmt dafür wieder ab, nach und nach.

„Was hast du eigentlich mit deinem Geld gemacht, als du deine Aktien verkauft hast?", hat Serafina ihn einmal gefragt.

„Liegt alles auf einem Sparbuch", hat Moses geantwortet. „Ich war damals einfach zu fertig, um immer diesen Aktien-Hokuspokus mitzumachen. Da habe ich alles auf ein Sparbuch gepackt für unsere Reise nach Italien. Das Sparbuch ist auf deinen und auf meinen Namen abgeschlossen und du kannst genauso an das Geld wie ich."

Serafina lächelte Moses zu, als er das sagte.

Manchmal ruft sie ihre Nonna in Italien an. Die Schwestern haben sich inzwischen daran gewöhnt, den Telefonhörer an das Ohr von Serafinas italienischer Großmutter zu legen, damit Serafina ihr von sich erzählen kann. Von Moses und Fritz und ihrer Sehnsucht nach Italien und von ihrer Magersucht.

Und in ein paar Wochen werden Moses und Serafina nach Italien fahren. In den nächsten Ferien. Eigentlich wollte Ernestine gerne mitkommen, aber Serafina und Moses wollen lieber alleine fahren. Trotzdem sind Serafina und Ernestine wieder enger miteinander befreundet.

„Ich habe Fritz übrigens gesagt, dass du in ihn verliebt warst", hat Ernestine eines Tages zu Serafina gesagt.

„Warum hast du das getan?", fragte Serafina erschrocken.

Ernestine zuckte mit den Achseln. „Ich glaube, er hat es sowieso gewusst", sagte sie dann. „Und wer weiß, vielleicht wird ja doch nochmal was aus euch beiden ..."

Und dann traf Serafina Fritz im Park, als sie zusammen mit Moses und seinem neuen kleinen Hund aus dem Tierheim dort unterwegs war.

Erschrocken blieb sie vor ihm stehen.

„Hallo", sagte Fritz.

„Hallo", sagte Serafina leise und spürte, wie Moses neben ihr nervös wurde.

Und dann gingen sie zu dritt weiter durch den Park.

Aber leicht ist nichts.

Jana Frey, geboren im April 1969 in Düsseldorf, fing schon als Fünfjährige an mit dem Schreiben. Unzählige dieser sehr frühen Werke hat sie sich aufgehoben. Und seit damals hat sie geschrieben und geschrieben und geschrieben. Sie schrieb zu Hause in Deutschland, aber auch in Amerika und Neuseeland, auf der anderen Seite der Weltkugel. Zwischendurch hat sie Literatur studiert und eine Familie gegründet. Sie veröffentlicht Kinder- und Jugendbücher und arbeitet auch fürs Fernsehen. Mit ihrem Roman „Höhenflug abwärts" war sie 2004 für den Deutschen Jugendliteraturpreis nominiert.

Adressen

Deutschland

Deutscher Kinderschutzbund
Bundesarbeitsgemeinschaft Kinder- und Jugendtelefon e.V.
Tel.: 0 800/11 10 333
bundesweit kostenlos; montags bis freitags 14 - 20 Uhr
E-Mail: info@nummergegenkummer.de
http://www.kinderundjugendtelefon.de

Bundeszentrale für gesundheitliche Aufklärung (BzgA)
Ostmerheimer Straße 220
51109 Köln
Postfach 910152
51071 Köln
Tel.: 0 221/89 92-0
E-Mail: poststelle@bzga.de
http://www.bzga.de

Hilfsdienste und Informationen zu Essstörungen unter:
http://www.magersucht-online.de
http://www.essstoerungen.net

Schweiz

Stiftung Kinderschutz Schweiz
Hirschengraben 8
Postfach 6949
3001 Bern
Tel.: 0 31/3 98 10 10
E-Mail: info@kinderschutz.ch
http://www.kinderschutz.ch

Arbeitsgemeinschaft Ess-Störungen (AES)
Feldeggstraße 69
8008 Zürich
Postfach 1332
8032 Zürich
Tel.: 0 43/4 88 63 73
E-Mail: info@aes.ch
http://www.aes.ch

Österreich

Österreichischer Kinderschutzbund
Verein für gewaltlose Erziehung
Obere Augartenstraße 26–28
1020 Wien
Tel.: 0 699/81 51 38 11
E-Mail: verein@kinderschutz.at
http://www.kinderschutz.at

Ö3-Kummernummer
Professionelle Telefonberatung durch das Rote Kreuz
Tel.: 0 800/60 06 07
kostenlos; täglich von 16-24 Uhr

Hotline für Essstörungen
Informationen und Hilfe für Mädchen mit Magersucht,
Bulimie und Esssucht
Tel.: 0 800/20 11 20
montags bis donnerstags 12-17 Uhr, freitags 9-12 Uhr

Taschenbücher von Jana Frey

Überall waren immer Probleme und irgendwann waren es so viele, dass Juli sich nicht mehr zu helfen wusste – und zuschlug. Seitdem dreht sich die Gewaltspirale immer schneller und schneller. Juli schafft es nicht, sich daraus zu befreien und landet schließlich hinter Gittern. Dort ist es so erdrückend und einsam, dass Juli sich immer wieder fragt, ob es Menschen gibt, die trotz allem auf ihn warten?

Sofia, 14 Jahre, lebt auf der Straße. Schnell muss sie begreifen, dass sich ihre Hoffnung auf Freiheit nicht erfüllt. Stattdessen wird ihr Alltag ein Kampf gegen Hunger, Einsamkeit und pure Verzweiflung. Immer tiefer gerät Sofia in einen Teufelskreis, aus dem sie sich mit eigener Kraft nicht befreien kann. Doch dann lernt sie Ätze kennen …

Hardcovertitel von Jana Frey

Hannah ist 15 Jahre alt und Zeugin Jehovas. Früher fühlte sie sich geborgen in ihrer Religionsgemeinschaft. Doch jetzt verspürt sie den Wunsch auszubrechen, normal zu sein, wie die anderen auch. Hannah fordert ihre Freiheit ein. Und plötzlich werden die Grenzen ihrer einst so behüteten Welt zu unüberwindbaren Mauern. Erst die Liebe zu Paul gibt ihr Mut für den ersten Schritt in eine andere Welt …

Manchmal hasst Marie die ganze Welt. Und sich am allermeisten. Doch wenn sie eine Pille einwirft, ist alles gut, und sie will lachen und tanzen und fliegen. Dann vergisst sie ihr Zuhause mit all dem Streit und auch den Schmerz, der in ihr wühlt, seit ihr Freund Leon sich in eine andere verliebt hat. Aber der Höhenflug hält nicht lange an und Marie fällt tiefer und tiefer …

Hardcovertitel von Jana Frey

Kelebek ist Deutsche. Und sie ist Türkin. Sie will mit ihren Freundinnen Spaß haben und gleichzeitig mit ihrer Familie den Ramadan begehen.
Sie liebt die Blaue Moschee in Istanbul – und sie liebt Janosh. Ihre Gefühle sind zu kostbar, als dass sie jemandem davon erzählen könnte, zu zerbrechlich. Doch Sercan, ihr früher so vertrauter Bruder, merkt sofort, dass Kelebek plötzlich anders ist. Er beginnt, sie zu kontrollieren, eindringlich Fragen zu stellen. Als er endlich Gewissheit hat, ist Sercan voller Hass. Hass auf Janosh, Hass auf Kelebek – Hass, der außer Kontrolle zu geraten droht …